Walter Grafendorfer, geboren 1937 in Oberösterreich, 1954—1957 Fachschule für Hochfrequenz- und Rundfunktechnik an der Bundesgewerbeschule in Steyr, 1957—1960 Höhere Abteilung für Radio- und Fernmeldetechnik am Technologischen Gewerbemuseum in Wien. 1964 Verleihung der Standesbezeichnung „Ingenieur". Seit 1960 am Rechenzentrum der Universität Wien, zuletzt als Leiter, tätig. Daneben Studium der Physik und Mathematik. 1970 Promotion zum Doktor der Philosophie an der Universität Wien. Seit 1969 Lehrtätigkeit als Lektor an der Rechts- und Staatswissenschaftlichen Fakultät, seit 1976 an der Sozial- und Wirtschaftswissenschaftlichen Fakultät der Universität Wien in EDV, Informatik, Betriebs- und Wirtschaftsinformatik.

Walter Grafendorfer

Einführung in die Datenverarbeitung für Informatiker

Springer-Verlag Berlin Heidelberg GmbH
1977

CIP-Kurztitelaufnahme der Deutschen Bibliothek

Grafendorfer, Walter
Einführung in die Datenverarbeitung für Informa-
tiker. — Würzburg, Wien: Physica-Verlag, 1977.–
(Physica-Paperback)

© Springer-Verlag Berlin Heidelberg 1977
Ursprünglich erschienen bei Physica-Verlag, Rudolf Liebing GmbH + Co., Würzburg 1977

ISBN 978-3-7908-0176-7   ISBN 978-3-662-41579-5 (eBook)
DOI 10.1007/978-3-662-41579-5

Vorwort

Dieses Buch entstand aus dem Manuskript zur Vorlesung „Einführung in
die Datenverarbeitung", wie sie seit Jahren an der Universität Wien primär für
Studierende der Informatik, Betriebs- und Wirtschaftsinformatik, aber auch aller anderen Studienrichtungen, für die die Datenverarbeitung integrierender
Bestandteil oder sinnvolle Ergänzung der Ausbildung ist, gehalten wird. Da es
sich in erster Linie an Studierende der Anfangssemester wendet, werden — ab-
gesehen von elementarer Mathematik — keinerlei Vorkenntnisse vorausgesetzt.
Es ist damit auch als Begleittext für Fach- und Allgemeinbildende Höhere
Schulen, sowie zum Selbststudium geeignet. Darüberhinaus ist es eine Lektüre
zur Erweiterung und Fundierung ihrer praktischen Kenntnisse für jene, die be
ruflich mit der Datenverarbeitung zu tun haben.

Der Leser wird in den ersten Kapiteln zunächst in die Informationsdarstellung, Codierung, Informationstheorie, Zahlensysteme und Schaltalgebra eingeführt. Letztere führt schließlich zu den konkreten Schaltwerken und Schalt-
netzen als die logischen Grundbausteine eines digitalen Rechensystems, wobei die angeführten elektronischen Schaltbeispiele zum Verständnis des Weiteren nicht notwendig sind und daher übergangen werden können.

Aufbauend auf diesen Grundlagen wird sodann anhand eines Modells der
funktionelle Aufbau eines Rechners beschrieben. Durch Zusammenfügen der
Grundbausteine zu übergeordneten Einheiten entstehen Schritt für Schritt
die funktionellen Einheiten und schließlich der Zentralrechner. Im Kapitel
„Maschinenarchitektur" werden die technologischen Grenzen der Leistungs-
fähigkeit und Möglichkeiten der Leistungssteigerung durch interne organisatorische Maßnahmen aufgezeigt. Durch die peripheren Speicher- und Ein/Aus-
gabegeräte wird die Rechnerkonfiguration vervollständigt.

Das Betriebssystem als integrierender Bestandteil eines Informationsverarbeitungssystems wird sowohl aus der Sicht des Anwenders durch die verschiedenen Betriebsarten, als auch aus der Sicht des Gesamtsystems als Ergänzung
der Hardware durch die verschiedenen Steuer- und Arbeitsprogramme, beschrieben. Schließlich werden im letzten Kapitel die Probleme bei der Auswahl von Datenverarbeitungsanlagen und Lösungsansätze aufgezeigt.

Um den Rahmen einer Einführung nicht zu sprengen, wurde stets auf die
Abgrenzung zu Spezialgebieten der Datenverarbeitung Bedacht genommen, wie
insbesondere aus den kurzen Ausführungen über Programmiersprachen und
Übersetzer hervorgeht. Der Text ist durch zahlreiche Abbildungen und Beispiele ergänzt, wobei in konkreten Fällen verschiedene Hersteller berücksichtigt wurden. Bezüglich der Begriffe und Definitionen habe ich mich möglichst

an die DIN-Normen gehalten. Um dem Leser die Verbindung zur englischen Literatur zu erleichtern, wurde bei jedem neu auftauchenden Fachausdruck die englische Bezeichnung in Klammer angeführt.

Mein Dank gebührt meinen Kollegen und Studenten für wertvolle Anregungen, insbesondere den Damen Herta Pitsch und Gabriela Pollany für das Schreiben des Textes, sowie dem Physica-Verlag für die Drucklegung.

Wien, im Dezember 1976   Walter Grafendorfer

Inhaltsverzeichnis

Inhaltsverzeichnis   9

1. Information und Informationsverarbeitung

1.1 Information, Nachrichten, Daten

Informatik, die deutsche Bezeichnung für „Computer Science", hat sich zuerst in den USA und England, in den letzten Jahren auch im deutschsprachigen Raum zu einer selbständigen wissenschaftlichen Disziplin entwickelt. Sie umfaßt die Entwicklung und Anwendung von *Informationsverarbeitungssystemen.* Aus dieser Formulierung ergibt sich die Einteilung der Informatik in zwei Bereiche:

1) Entwicklung von Informationsverarbeitungssystemen (*Hard-* und *Software*[1]), Computerhersteller)
2) Einsatz von Informationsverarbeitungssystemen in Unternehmen, öffentlicher Verwaltung, Wissenschaft und Lehre (Computeranwender).

Information: Information sind diejenigen Mitteilungen, die dem Empfänger *neues* Wissen vermitteln. Die Information wird durch die *Nachricht* übermittelt.

Nachricht (message) (nach DIN 44300): Zeichen oder kontinuierliche Funktionen, die zum Zwecke der *Weitergabe* Information aufgrund bekannter oder unterstellter Abmachungen darstellen.

Das wesentliche an der Information ist die Vermittlung neuen Wissens, sie ist ein abstrakter Begriff. Es muß nicht jede Nachricht Information beinhalten. So ist z.B. die Redewendung bei einer Begrüßung auf der Straße: „Schönes Wetter heute" für den anderen wohl eine Nachricht, aber keine Information, da sie kein neues Wissen vermittelt. Eine gegebene Information kann durch verschiedene Nachrichten übermittelt werden (z.B. Nachrichten in verschiedenen Sprachen).

Daten (data) (nach DIN 44300): *Zeichen* oder kontinuierliche Funktionen, die zum Zwecke der *Verarbeitung* Information aufgrund bekannter oder unterstellter *Abmachungen* darstellen.

Digitale Daten (digital data): Daten, die nur aus Zeichen bestehen.

Analoge Daten (analog data): Daten, die nur aus kontinuierlichen Funktionen bestehen.

Der Unterschied zwischen Nachrichten und Daten ist kein prinzipieller; er liegt lediglich darin, daß erstere der *Weitergabe*, letztere der *Verarbeitung* von Informationen dienen.

---

[1]) Während man unter „Hardware" die physischen Bestandteile (Mechanik, Elektronik, Datenträger) eines Informationsverarbeitungssystems versteht, fallen unter den Begriff „Software" alle übrigen Teile (Steuer- und Anwenderprogramme).

Das wichtigste Instrument zur Nachrichtenübermittlung ist die Sprache. Sie gehorcht den Regeln der *Syntax* (Grammatik).

Damit eine sinnvolle Nachricht übermittelt werden kann, müssen aber auch die Gesetze der *Semantik* eingehalten werden.

Z.B.: „Das Auto spielt Klavier" ist grammatikalisch (syntaktisch) richtig, aber semantisch unsinnig.

Man kennt *natürliche* und *künstliche* Sprachen (Spezialsprachen). Z.B. Chemische Formeln.

1.2 Informationsverarbeitung

Information wird in einer Form (z.B. Beleg, Lochkarte, Lochstreifen) in das Informationsverarbeitungssystem eingegeben und in einer anderen Form (aggregiert, in für Menschen leserlicher Schrift) ausgegeben.

Einfache Beispiele für Anwendungen von Informationsverarbeitungssystemen (Datenverarbeitungsanlagen (DVA)):

1) Suche die größte Zahl aus der Menge 13, 24, 3, 76, 35, 48.

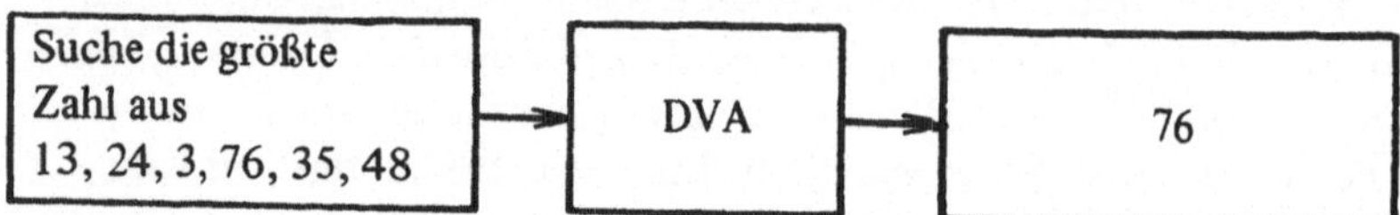

2) Die Namen FRANZ, WALTER, HANS, FERDINAND, OTTO sind alphabetisch zu ordnen (nicht numerische Datenverarbeitung):

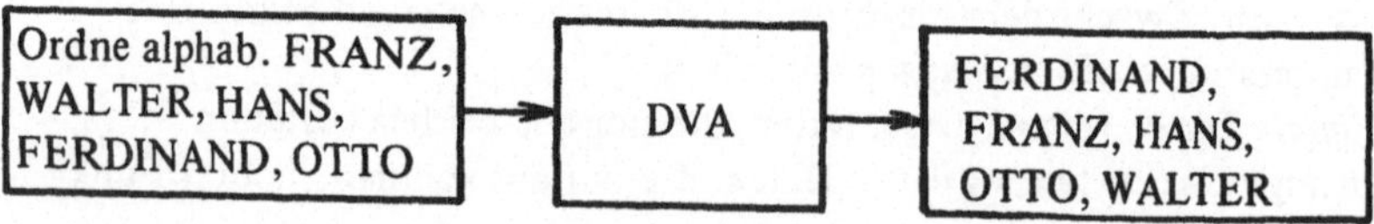

3) Berechne den Ausdruck $\frac{15 + 5}{8 - 3}$ (numerische Datenverarbeitung)

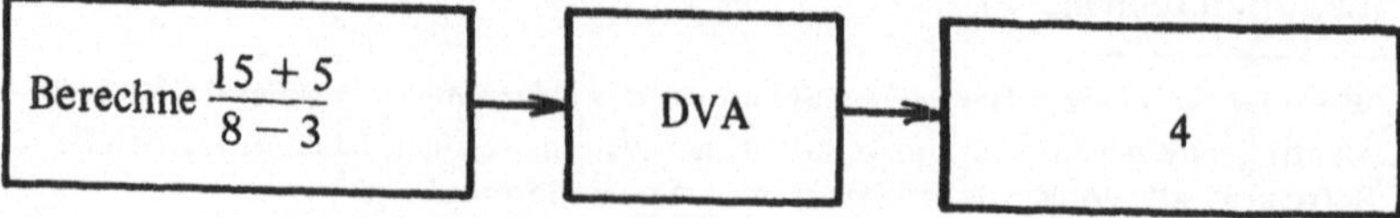

Die Eingabeinformation zerfällt, wie die vorangegangenen Beispiele gezeigt haben, in zwei Gruppen:

1) *Anweisungen*: Was ist zu tun? (Ordne alphabetisch, suche größte Zahl, berechne usw.):

2) *Operanden*: Mit wem ist das zu tun (Zahlen, Namen usw.)?

Obwohl unter dem Begriff „Daten" die Darstellung von Informationen im weitesten Sinne, also auch für Anweisungen, zu verstehen ist, wird er in der Datenverarbeitung meist für die Bezeichnung der Operanden im engeren Sinne verwendet. Mit Hilfe der Anweisungen macht die DVA die gewünschten Informationen, die in den Eingabedaten stecken, zugänglich.

Beispiel: Eine Messung liefert eine Reihe von Werten $x_1, x_2, \ldots, x_n$. Diese Zahlen allein sagen noch nicht viel aus. Es sind aber dennoch Informationen enthalten, die allerdings erst herausgearbeitet werden müssen, z.B.: Mittelwert, Standardabweichung, Verteilung usw.

Der Verarbeitungsvorgang (*Informationsverdichtung*) ist meist mit einem Informationsverlust verbunden. So kann z.B. aus der Ausgabeinformation „Mittelwert", der aus den Eingabedaten x_i ermittelt wurde, nicht mehr die Standardabweichung errechnet werden. Dies ist nur aus den Eingabedaten x_i möglich.

Die DVA nimmt dem Anwender die Routine-Arbeiten wie Rechnen, Vergleichen, Ordnen usw. ab, wobei zu beachten ist, daß maschinenintern die einfachen Anweisungen wie z.B.:

$$\text{berechne } \frac{a+b}{c-d}$$

unter Berücksichtigung der speziellen *Maschinenstruktur* im allgemeinen weiter in Elementarschritte zerlegt werden müssen.

Beispiel: Obiger Ausdruck wird von einem Menschen ohne technische Hilfsmittel berechnet. Dabei ergeben sich folgende Einzelschritte:

1) Addiere $a + b = z$
2) Notiere z
3) Subtrahiere $c - d = n$
4) Notiere n
5) Dividiere $z/n = y$
6) Notiere Ergebnis y

Es ist hier vorausgesetzt, daß der Ausführende des Rechnens kundig ist, ansonsten müßten die Schritte Addiere, Subtrahiere und Dividiere weiter zerlegt werden.

Würde diese Aufgabe einer Hilfskraft übertragen werden, die nicht rechnen kann und der als Hilfsmittel neben Bleistift und Papier auch eine Tischrechenmaschine[2]) zur Verfügung steht, dann wären folgende Anweisungen notwendig:

1) Rechenregister löschen
2) a eintasten und Additionstaste drücken
3) b eintasten und Additionstaste drücken
4) Inhalt des Rechenregisters (z) notieren (z.B. auf 1. Zeile)
5) Rechenregister löschen
6) c eintasten und Additionstaste drücken
7) d eintasten und Subtraktionstaste drücken
8) Inhalt des Rechenregisters (n) notieren (z.B. auf 2. Zeile)
9) Rechenregister löschen
10) z von 1. Zeile eintasten und Additionstaste drücken
11) n von 2. Zeile eintasten und Divisionstaste drücken
12) Inhalt des Rechenregisters $(y = \text{Ergebnis})$ notieren (z.B. auf 3. Zeile)
13) Beende die Arbeit (oder fahre fort bei 1) mit neuen Werten für
    a, b, c und d.)

Die Formel im obigen Beispiel gibt den mathematischen Zusammenhang der Größen a, b, c und d an, sagt aber nichts über den Lösungsweg (zeitlichen Ablauf) aus.

Nun ist der gezeigte Weg bestimmt nicht der einzige und der kürzeste. Errechnet man nämlich zuerst den Nenner und dann den Zähler, so ergibt sich eine wesentliche Vereinfachung.

1.3 Die physikalische Informationsdarstellung

1.3.1 Informationsübertragung

Die physikalische Übermittlung von Nachrichten (Informationen) erfolgt durch Signale.

Signal (signal) (nach DIN 44300): Die physikalische Darstellung von Nachrichten oder Daten.

Beispiel: elektrische, magnetische, mechanische (Schall), optische, elektromagnetische Signale.

Signalparameter (DIN 44300): Diejenige Kenngröße des Signals, deren Wert oder Werteverlauf die Nachricht oder die Daten darstellt.

---

[2]) Gemeint ist hier eine einfache Tischrechenmaschine mit Rechenregister, Tastatur und als Funktionen die vier Grundrechnungsarten Addieren, Subtrahieren, Multiplizieren und Dividieren.

Beispiel: Bei einer modulierten Wechselspannung kann die *Amplitude (Amplitudenmodulation)*, die *Frequenz (Frequenzmodulation)* oder die *Phase (Phasenmodulation)* der Signalparameter sein.

Analoges Signal (analog signal) (DIN 44300): Ein Signal, dessen Signalparameter eine Nachricht oder Daten darstellt, die nur aus kontinuierlichen Funktionen besteht bzw. bestehen.

Beispiel: Akustische Übertragung einer Nachricht (Sprache).

Digitales Signal (digital signal, discrete signal) (DIN 44300): Ein Signal, dessen Signalparameter eine Nachricht oder Daten darstellt, die nur aus Zeichen besteht bzw. bestehen.

Diese Signale können nur eine bestimmte Anzahl von Werten annehmen.

Binäres Signal (binary signal): Ein Signal, dessen Signalparameter eine Nachricht oder Daten darstellt, die nur aus Binärzeichen besteht bzw. bestehen.

Der Signalparameter hat also nur zwei Werte.

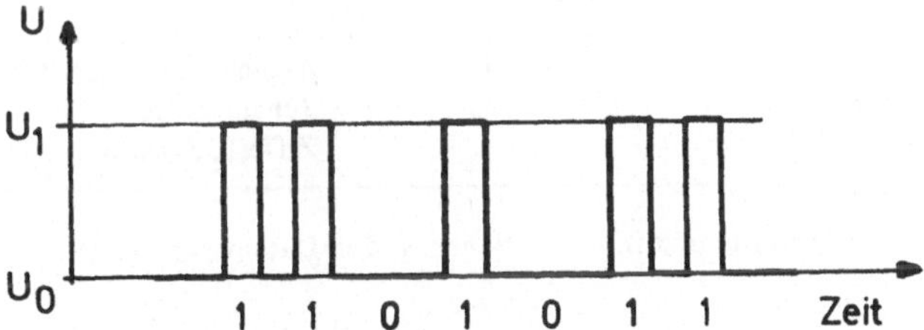

Abb. 1.1: Binäres Signal; die Spannung (Amplitude) kann nur die Werte U_0 (0) oder U_1 (1) annehmen.

Je nach der Reihenfolge des Auftretens der zwei Werte 0 und 1 können verschiedene Zeichen, aus diesen wiederum beliebige Nachrichten gebildet und übermittelt werden (z.B. Fernschreiber)

1.3.2 Informationsspeicherung

Während bei der Informationsübertragung die Information von einem Medium (Datenträger) zu einem anderen übermittelt wird, wobei beliebige räumliche Distanzen überwunden werden können (z.B. interkontinentale Informationsübermittlung), wird bei der Informationsspeicherung die Information über einen beliebig großen Zeitraum „aufbewahrt". Beim ersteren handelt es sich also um eine *Überwindung des Raumes*, beim zweiten um die *Überwindung der Zeit* (vergleichbar mit Transport und Lagerung von materiellen Gütern).

Wie die Informationsübertragung erfolgt auch die Informationsspeicherung mit Hilfe physikalischer Systeme. Für die Speicherung analoger Daten ist beispielsweise die Schallplatte und das Magnetband bestens bekannt. Für die Speicherung digitaler Daten werden aufgrund ihrer einfacheren Realisierbarkeit binäre Systeme verwendet.

Folgende Tabelle zeigt einige Beispiele solcher binärer Systeme

System	Zustände	
Schalter (Relais)	ein	aus
Elektron. Schaltglied	hohe Spannung	niedrige Spannung
Dynamische Systeme (Impulse)	existent	nicht existent
Magnetische Systeme	magnetisiert	nicht magnetisiert
	N→S magnetisiert	S→N magnetisiert
Lochkarten, Lochstreifen	gelocht	nicht gelocht

Die Bedeutung der Zustände dieser Systeme ist je nach Anwendung verschieden, wie z.B.:

wahr	⟵⟶	nicht wahr	Aussage in der Logistik
ja	⟵⟶	nein	Schaltalgebra
1	⟵⟶	0	Ziffern, Zeichen

Tab. 1.1   Binäre Systeme und ihre Funktionen in der Datenverarbeitung.

1.4 Codes

Wie aus 1.2 folgt, werden in Informationsverarbeitungsanlagen nicht nur Zahlen (Operanden), sondern auch Texte (Operanden und Anweisungen), also Informationen allgemeiner Art, verarbeitet. Zur Kommunikation mit dem System bedient man sich einer speziellen Sprache (künstliche Sprache). Wie die natürlichen Sprachen gehorcht auch sie den Regeln der Grammatik (Syntax).

Das Grundelement bildet das *Zeichen*.

Ein Zeichen ist ein Element aus einer zur Darstellung von Information vereinbarten endlichen Menge von verschiedenen Elementen. Die Menge wird Zeichenvorrat *(character set)* genannt (DIN 44300).

Ein *Binärzeichen* ist ein Zeichen aus einem Zeichenvorrat von zwei Zeichen. Binärzeichen werden auch als Bit (Abkürzung für *binary digit*) bezeichnet.

Eine Folge von Zeichen, die in einem bestimmten Zusammenhang als eine Einheit betrachtet wird, heißt *Wort (word)*.

Um Zeichen eines Zeichenvorrats, z.B. unser Alphabet, den Zeichen eines anderen Zeichenvorrats zuordnen zu können, bedient man sich eines Codes.

Ein *Code* ist eine Vorschrift für die eindeutige Zuordnung *(Codierung)* der Zeichen eines Zeichenvorrats zu denjenigen eines anderen Zeichenvorrats *(Bildmenge)* (nach DIN 44300).

Die Zuordnung braucht nicht umkehrbar eindeutig zu sein. Oftmals wird mit Code nur der als Bildmenge auftretende Zeichenvorrat bezeichnet. In diesem Fall ist die Auffassung „Ergebnis einer Zuordnung Zeichenvorrat A zu Zeichenvorrat B nach Vorschrift" unterstellt. Die Zeichen der Bildmenge können selbst wiederum Wörter aus Elementen eines anderen Zeichenvorrats sein, wie dies z.B. beim *Binärcode* der Fall ist.

Ein Binärcode ist ein Code, bei dem jedes Zeichen der Bildmenge ein Wort aus Binärzeichen ist *(Binärwort)*. Dementsprechend werden alle Zeichen, die in Datenverarbeitungssystemen verwendet werden, auf Binärwörter abgebildet.

Tabelle 1.2 zeigt einige Beispiele von Codes zur Darstellung der zehn Ziffern des Dezimalsystems, wobei für die Darstellung der Binärzeichen die Ziffern 0 und 1 verwendet werden, obwohl sie in diesem Fall nicht die Bedeutung von Ziffern haben[3]).

Codes für die Darstellung von Ziffern und in weiterer Folge für Zahlen werden als *numerische Codes* bezeichnet.

Die Vorschrift für die Zuordnung von Dezimalziffern zu Binärwörtern wird auch als *Binärcode für Dezimalziffern* (binary coded decimal (BCD)) bezeichnet.

Im folgenden seien einige Erläuterungen zu den in Tabelle 1.2 gezeigten BCD-Codes gegeben:

Der Dual-, Aiken-, *biquinäre* und *1—aus—10—Code* sind *gewichtete* Codes Jeder Stelle des Binärwortes ist ein bestimmter Stellenwert zugeordnet.

Der *Excess—3—Code*, der *2—aus—5—Code* und der *Gray-Code* sind *nicht gewichtete* Codes.

Der Aiken-Code erlaubt es, auf einfache Art und Weise das 9er Komplement zu ermitteln, indem jedes Bit invertiert wird.

Der Excess—3—Code wird erreicht durch den Wert aus dem Dual-Code + 3. Dieser Code erlaubt ebenfalls eine einfache Bildung des 9er Komplementes durch Invertierung der Binärstellen.

Der 2—aus—5—Code erleichtert ebenso wie der 1—aus—10—Code die Fehlererkennung durch erhöhte Redundanz, (siehe 1.5).

---

[3]) Oft werden zum Zwecke der Verdeutlichung dieses Unterschiedes zur Darstellung von Binärcodes die Zeichen 0 und L verwendet.

Der Gray-Code ist so aufgebaut, daß 2 benachbarte Ziffern sich jeweils nur um 1 Bit unterscheiden.

Binär-Codes						
rein dual	Excess-3-Code	Aiken-Code	2-aus-5-Code	Biquinär-Code	1-aus-10-Code	Gray-Code
Gewichte 8421		2421		5043210	0123456789	
Ziffern						
0 0000	0011	0000	11000	0100001	1000000000	0000
1 0001	0100	0001	00011	0100010	0100000000	0001
2 0010	0101	0010	00101	0100100	0010000000	0011
3 0011	0110	0011	00110	0101000	0001000000	0010
4 0100	0111	0100	01001	0110000	0000100000	0110
5 0101	1000	1011	01010	1000001	0000010000	0111
6 0110	1001	1100	01100	1000010	0000001000	0101
7 0111	1010	1101	10001	1000100	0000000100	0100
8 1000	1011	1110	10010	1001000	0000000010	1100
9 1001	1100	1111	10100	1010000	0000000001	1101

Tab. 1.2: Binärcodes für die Darstellung der Ziffern des Dezimalsystems.

Alphanumerische Codes: Wie bereits erwähnt, werden in der Informationsverarbeitung neben den numerischen Zeichen auch alphabetische Zeichen verarbeitet. Ein Code, der es erlaubt, neben den numerischen Zeichen auch alphabetische und Sonderzeichen darzustellen, heißt *alphanumerischer Code*.

Will man das komplette Alphabet und die Dezimalziffern darstellen, sind mindestens 6 Bit notwendig ($2^6 = 64$).

Die *ISO* (International Organisation for Standardization) hat in ihrer Empfehlung 1967 einen allgemeinen 7-Bit-Code festgelegt, der unabhängig vom Datenträger die Darstellung der wichtigsten international gebräuchlichen Zeichen gestattet (DIN 66003). Tab. 1.3 gibt diesen Code wieder. Er enthält neben den numerischen, alphabetischen und Sonderzeichen auch verschiedene *Steuerzeichen* für die Steuerung von Ein/Ausgabegeräten.

Ein weiterer 7-Bit-Code ist der sogenannte ASCII (*A*merican *S*tandard *C*ode for *I*nformation *I*nterchange).

IBM verwendet den EBCDIC (*E*xtended *B*inary *C*oded *D*ecimal-*I*nterchange-*C*ode). Dieser ist ein 8–Bit-Code; jedes Zeichen wird durch ein *Byte* (8 Bits) dargestellt.

					b_7	0	0	0	0	1	1	1	1
					b_6	0	0	1	1	0	0	1	1
					b_5	0	1	0	1	0	1	0	1
Bit b_4	b_3	b_2	b_1	Zeile	Spalte	0	1	2	3	4	5	6	7
0	0	0	0	0		NULL	TC_7(DLE)	·SP	0	(a	P	·	p
0	0	0	1	1		TC_1(SOH)	DC_1	!	1	A	Q	a	q
0	0	1	0	2		TC_2(STX)	DC_2	"	2	B	R	b	r
0	0	1	1	3		TC_3(ETX)	DC_3	#	3	C	S	c	s
0	1	0	0	4		TC_4(EOT)	DC_4	¤	4	D	T	d	t
0	1	0	1	5		TC_5(ENQ)	TC_8(NAK)	%	5	E	U	e	u
0	1	1	0	6		TC_6(ACK)	TC_9(SYN)	&	6	F	V	f	v
0	1	1	1	7		BEL	TC_{10}(ETB)	'	7	G	W	g	w
1	0	0	0	8		FE_0(BS)	CAN	(	8	H	X	h	x
1	0	0	1	9		FE_1(HT)	EM	)	9	I	Y	i	y
1	0	1	0	10		FE_2(LF)	SUB	*	:	J	Z	j	z
1	0	1	1	11		FE_3(VT)	ESC	+	;	K	[	k	{
1	1	0	0	12		FE_4(FF)	IS_4(FS)	,	<	L	\	l	|
1	1	0	1	13		FE_5(CR)	IS_3(CR)	--	=	M	]	m	}
1	1	1	0	14		SO	IS_2(RS)	.	>	N	^	n	—
1	1	1	1	15		SI	IS_1(US)	/	?	O	—	o	DEL

Tab. 1.3: ISO 7-Bit-Code[4])

1.5 Grundbegriffe der Informationstheorie

1.5.1 Informationsgehalt einer Nachricht

Durch Information wird dem Empfänger neues Wissen vermittelt. *Shannon* [1948] hat versucht, den Begriff der Information zu quantifizieren. Der Informationsgehalt einer Nachricht über ein Ereignis ist umso größer, je kleiner die *Wahrscheinlichkeit* des Auftretens dieses Ereignisses ist.

Beispiel: Es wurde ein Kind geboren. Auf die Frage „Was ist es?" sind mehrere Antworten möglich. „Es ist ein Zwilling", ist sicher eine größere Neuigkeit als die Mittelung „Es ist ein Knabe". Die Feststellung „Es ist ein Mensch" dagegen bringt keine Information (Neuigkeit).

---

[4]) Die Tabelle sowie auch die Abb. 5.21, 5.22, 5.23, 5.27, 5.28 und 5.29 sind dem DIN-Taschenbuch 25, „Normen über Informationsverarbeitung" Beuth-Verlag, entnommen.

Voraussetzung ist allerdings, daß die Nachricht über das Ereignis stimmt. Bezeichnet man die Wahrscheinlichkeit des Eintretens des Ereignisses x vor Empfang der Nachricht mit $p_v(x)$ und die Wahrscheinlichkeit des Eintretens des Ereignisses x nach Empfang der Nachricht $p_n(x)$, so kann man den Informationsgehalt I einer Nachricht definieren als:

$$I = \log \frac{p_n(x)}{p_v(x)}$$

Für den Fall, daß die Wahrscheinlichkeit des Eintreffens des Ereignisse x nach Eintreffen der Nachricht gleich 1 ist, d.h. daß die Nachricht korrekt ist, reduziert sich der Ausdruck

$$I = \log \frac{1}{p_v(x)}$$

Der Grund für die Wahl des Logarithmus des Verhältnisses liegt darin, daß bei Eintreffen eines von zwei gleichwahrscheinlichen Ereignissen der Informationsgehalt 1 wird, falls der Logarithmus auf die Basis 2 (logarithmus dualis, abgek. *ld*) bezogen wird. Die Maßeinheit ist ein *bit*. Dies ist in formaler Übereinstimmung mit der Tatsache, daß für die Darstellung zweier Alternativen 1 Bit[5]) benötigt wird.

Beispiel: Die Wahrscheinlichkeit, daß ein Neugeborenes ein Bub oder ein Mädel ist, beträgt annähernd 0,5. Die Nachricht „Es ist ein Bub" hat demnach den Informationsgehalt

$$ld\left(\frac{1}{0,5}\right) = ld\ 2 = 1\ \text{bit}.$$

Für die Darstellung des Geschlechtes ist tatsächlich ein Bit erforderlich. Bezieht man den Logarithmus auf die Basis 10, so ist die Maßeinheit 1 dit (decimal digit).

$$1\ \text{dit} = 3,322\ \text{bit}.$$

Dasselbe gilt auch für das Auftreten eines Zeichens x_i aus einer Menge von n Zeichen in einer Nachricht. Treten die Zeichen x_i mit der Wahrscheinlichkeit $p(x_i)$ auf, wobei

---

[5]) Während man mit Bit die Realisierung eines binären Zeichens bezeichnet, ist bit die Maßeinheit für den Informationsgehalt. Dieser Unterschied wird durch die Groß- bzw. Kleinschreibung hervorgehoben.

$$\sum_{i=1}^{n} p\,(x_i) = 1$$

ist, so ist der Informationsgehalt des einzelnen Zeichens

$$I\,(x_i) = ld\,\frac{1}{p\,(x_i)} \tag{1}$$

Definition: Der *mittlere Informationsgehalt H* eines beliebigen Zeichens aus einer Menge von n Zeichen mit den Wahrscheinlichkeiten $p\,(x_i)$ ist der Erwartungswert des Informationsgehaltes der Einzelzeichen

$$H = \sum_{i=1}^{n} p\,(x_i)\,I\,(x_i) = \sum_{i=1}^{n} p\,(x_i)\,ld\,\frac{1}{p\,(x_i)} \tag{2}$$

H wird auch als „*Entropie*" bezeichnet, entsprechend der formalen Übereinstimmung mit der statistischen Mechanik.

Definition: Treten die Zeichen (Ereignisse) mit gleicher Wahrscheinlichkeit auf, $p\,(x_i) = \frac{1}{n}$, so wird H ein Maximum und wird als „*potentieller mittlerer Informationsgehalt*" bezeichnet.

$$H_{\mathrm{pot}} = \sum_{i=1}^{n} \frac{1}{n}\,ld\,n = ld\,n$$

H_{pot} ist der größtmögliche Informationsgehalt aus der Menge von n Zeichen. Da H nicht negativ sein kann, gilt

$$0 \leqslant H \leqslant H_{\mathrm{pot}} = ld\,n.$$

H wird 0, wenn ein Zeichen (Ereignis) mit Sicherheit eintritt.

1.5.2 Codierung

Mit Hilfe zweier Binärzeichen, z.B. 0 und 1, können durch Kombination von l solcher Zeichen $2^l = n$ verschiedene übergeordnete Zeichen oder Wörter definiert werden oder anders ausgedrückt, l ist die Anzahl der Alternativentscheidungen zwischen 0 und 1, die zur Entschlüsselung eines aus diesen n Zeichen notwendig sind. Dies kann mit Hilfe eines sogenannten *Entscheidungs-* oder *Codebaumes* graphisch dargestellt werden

Beispiel: $l = 3$, $n = 2^l = 8$. (Abb. 1.2). Für die Auswahl eines Zeichens sind drei Alternativentscheidungen notwendig, entsprechend der Folgen der Binärzeichen 0 und 1.

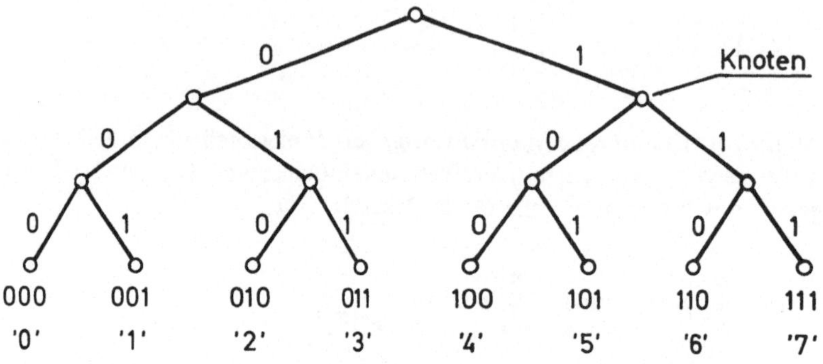

Abb. 1.2: Codebaum für die Darstellung der Oktalziffern mit fester Wortlänge

Die Länge der Zeichen muß aber nicht konstant sein. Es ist naheliegend, die Verschlüsselung so durchzuführen, daß man für häufig auftretende Zeichen die Anzahl der Entscheidungen (Anzahl der Bits zur Verschlüsselung) klein hält, dafür aber bei seltener auftretenden Zeichen eine größere Anzahl von Entscheidungen zuläßt. Mit anderen Worten, man führt die Aufspaltung bei jeder Alternativentscheidung nicht in gleich große, sondern in gleich wahrscheinliche Teilmengen durch.

Beispiel: gegeben seien die folgenden Zeichen Z mit ihren Wahrscheinlichkeiten. Der Codebaum hat unter Berücksichtigung von gleichwahrscheinlichen Teilmengen bei jeder Entscheidung die Gestalt wie in Abb. 1.3 dargestellt:

Z	$p(x_i)$
A	1/4
B	1/4
C	1/8
D	1/8
E	1/8
F	1/16
G	1/16

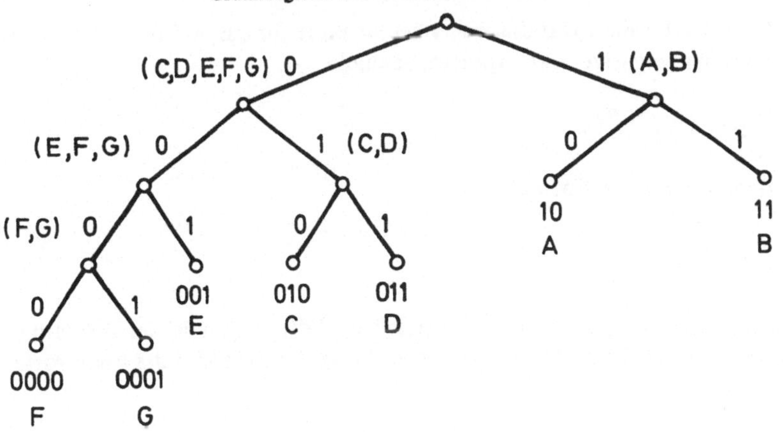

Abb. 1.3: Codebaum für Zeichen mit verschiedenen Wortlängen

Für die Auswahl der Zeichen A und B sind zwei, für C, D und E drei und für F und G vier Entscheidungen notwendig. Da die Anzahl der Entscheidungen der Anzahl der zur Verschlüsselung der Zeichen notwendigen Stellen (Bits) entspricht, ergeben sich folgende Wortlängen l_i bzw. Codes:

Zeichen	Code	l_i
A	10	2
B	11	2
C	010	3
D	011	3
E	001	3
F	0000	4
G	0001	4

Die Mittlere Wortlänge L eines Codes bei beliebigen Wahrscheinlichkeiten $p(x_i)$ ist:

$$L = \sum_{i=1}^{n} p(x_i) \cdot l_i$$

Im letzten Beispiel ist daher $L = \frac{2}{4} + \frac{2}{4} + \frac{3}{8} + \frac{3}{8} + \frac{3}{8} + \frac{4}{16} + \frac{4}{16} = 2,625$ Bits.

Bei einer Codierung mit fester Wortlänge wäre $L = 3$ Bits.

In diesem Beispiel war die Wahrscheinlichkeit für das Auftreten des Einzelzeichens eine negative Zweierpotenz, nämlich

$$p\,(x_i) = (\tfrac{1}{2})^{m_i}\,.$$

Daraus ergibt sich formal

$$m_i = ld\;\frac{1}{p\,(x_i)}$$

d.h. bei Aufspaltung in gleichwahrscheinliche Teilmengen bei der Codierung gibt m_i die Anzahl der Alternativentscheidungen bzw. Länge des Codewortes in Bits wieder, d.h.

$$m_i = l_i$$

m_i entspricht in diesem Fall aber genau dem Informationsgehalt $I\,(x_i)$ des Zeichens x_i in einer Nachricht gemäß Gl. (1)

$$m_i = I\,(x_i) = ld\;\frac{1}{p\,(x_i)}\,.$$

Man nennt $I\,(x_i)$ daher auch „*Entscheidungsinformation*" oder „*Entscheidungsgehalt*" des Zeichens x_i.

Analog wird der mittlere Informationsgehalt

$$H = \sum_{i=1}^{n} p\,(x_i)\,ld\;\frac{1}{p\,(x_i)}$$

als *mittlerer Entscheidungsgehalt* pro Zeichen bezeichnet.

Falls die Wahrscheinlichkeiten wie im obigen Beispiel

$$p\,(x_i) = (\tfrac{1}{2})^{l_i}$$

sind, ist

$$L = H.$$

Für alle anderen Fälle ist $L > H$. Es gilt also für beliebig viele Zeichen und beliebige Wahrscheinlichkeiten die Ungleichung

$$H \leqslant L.$$

Dies wird als *Shannon'sches Codierungstheorem* bezeichnet. Das Gleichheitszeichen gilt bei optimaler Codierung. *H* ist also das Minimum der aufzuwendenden Entscheidungen bei bestmöglicher Codierung.

Da die Zerlegung in exakt gleichwahrscheinliche Teilmengen im Allgemeinen nicht möglich ist, wird man eine Lösung wählen, die dieser am nächsten kommt.

Beispiel:

	p	Code 1	l_i	$p \cdot l_i$	Code 2	l_i	$p \cdot l_i$
A	0,4	00	2	0,8	0	1	0,4
B	0,2	01	2	0,4	100	3	0,6
C	0,15	10	2	0,3	101	3	0,45
D	0,15	110	3	0,45	110	3	0,45
E	0,1	111	3	0,3	111	3	0,3
				2,25			2,20

In diesem Beispiel gibt es für die Zerlegung in der ersten Stufe zwei gleichwertige Alternativen, nämlich die Zerlegung in A, B und C, D, E oder in A und B, C, D, E. In beiden Fällen ist die Abweichung 20 % von 0,5. Trotzdem ergibt die zweite Version aufgrund der günstigeren Zerlegung in der zweiten Stufe ein besseres Resultat für die mittlere Länge.

Um aus einer Kette von binären Zeichen die Codewörter entschlüsseln zu können, darf kein Wort der Anfang eines längeren Wortes aus diesem Code sein. Dies wird als *Fano-Bedingung* bezeichnet. Bei der Zerlegung mit Hilfe des Codebaumes wie in obigen Beispielen ist die Fano-Bedingung immer erfüllt.

Beispiel: Die Zeichenkette 01101111000 würde unter Zugrundelegung des Code 2 im letzten Beispiel die Buchstabenkette ADEBA ergeben.

Aus technischen Gründen werden jedoch in Datenverarbeitungs- und Übertragungssystemen meist Codes mit fester Wortlänge verwendet.

In diesem Fall ergibt sich für eine Menge von n Zeichen die Wortlänge

$$L = ld\ n$$

Da $ld\ n$ im allgemeinen keine ganze Zahl ist, muß die nächstgrößere ganze Zahl genommen werden.

Beispiel: Für die Codierung von 10 Zeichen benötigt man 4 Bits, da
ld $10 = 3{,}322$ ist.

Die Differenz

$$R = L - H$$

wird als *Redundanz* (redundancy) bezeichnet. Die Redundanz ist ein Maß für
die nutzlos vorhandenen Entscheidungen. Sie ist die Anzahl der Bits, die im
Mittel weggelassen werden können, ohne daß die Nachricht (Information) un-
kenntlich wird. Man bezeichnet sie auch als *Weitschweifigkeit* der Informationsdarstellung.

Das Verhältnis

$$\frac{R}{L} = 1 - \frac{H}{L}$$

bezeichnet man als *relative Redundanz*.

Das Verhältnis

$$\eta = \frac{H}{L}$$

wird als *Wirkungsgrad der Informationsdarstellung* bezeichnet. Da im allgemeinen die einzelnen Zeichen nicht mit gleicher Wahrscheinlichkeit auftreten, sind
Codes mit fester Wortlänge fast immer redundant.

Beispiel: Unter Berücksichtigung der Buchstabenhäufigkeit ist in einem
deutschen Text der mittlere Informationsgehalt $H = 4{,}11$ bit/Buchstabe.
Für die Darstellung der 26 Buchstaben und dem Zwischenraum benötigt
man ld $27 = 4.75$ Bit/Zeichen. Bei der Codierung mit fester Wortlänge
sind daher 5 Bits notwendig. Es ergibt sich daher eine Redundanz von

$$R = L - H = 5 - 4{,}11 = 0{,}89 \text{ bit/Buchstabe.}$$

Der Wirkungsgrad der Informationsdarstellung beträgt

$$\eta = \frac{H}{L} = \frac{4{,}11}{5} = 82{,}2\,\%,$$

die relative Redundanz $100 - 82{,}2 = 17{,}8\,\%$.

Bei einem Code variabler Länge verringert sich unter Berücksichtigung der Wahrscheinlichkeiten die Redundanz. Dies ist z.B. beim *Morse-Alphabet* der Fall.

1.5.3 Codesicherung

Die Redundanz kann je nach ihrer Größe zur teilweisen Fehlererkennung bzw. – korrektur herangezogen werden.

Beispiel: Bei der Darstellung der Dezimalziffern durch 4 Bits im Dualsystem ist die Redundanz bei gleicher Wahrscheinlichkeit der Ziffern

$R = L - H = 4 - ld\ 10 = 0{,}678$ bit.

In folgender Tabelle ist eine Funktion fv definiert, die für alle erlaubten Kombinationen 0 ist und für die verbotenen den Wert 1 hat. Diese Funktion hat den Wert 1, wenn Bit 8 = 1 ist und zusätzlich Bit 4 oder Bit 2 = 1 sind. (Ziffer $\geqslant$ 10). Diese Aussage kann nun in eine Schaltung umgesetzt und am Ende eines Übertragungsweges implementiert werden. Falls die Funktion den Wert 1 annimmt, ist ein Fehler aufgetreten. In diesem Fall werden allerdings die Fehler nur teilweise in den Bit-Positionen 8,4 und 2 und auch hier wiederum nur dann, wenn anstelle einer 0 eine 1, aber nicht umgekehrt, auftritt, erkannt.

8421	fv	8421	fv
0000	0	1000	0
0001	0	1001	0
0010	0	1010	1
0011	0	1011	1
0100	0	1100	1
0101	0	1101	1
0110	0	1110	1
0111	0	1111	1

Unter dem *Hamming-Abstand d* zweier Codewörter x_i und x_j $(i \neq j)$ aus einer Menge von n Zeichen versteht man die Anzahl der Stellen, an denen die Binärziffern der beiden Codewörter verschieden sind.

Unter dem Hammingabstand D eines Codes versteht man den kleinsten vorkommenden Hammingabstand:

$$D = \mathrm{Min}\ (d_{ij})$$

Beispiel: Die Codes für die Darstellung der Dezimalziffern in Tab. 1.2 haben folgende Hamming-Abstände:

Code	D
Dual-Code	1
Excess—3—Code	1
Aiken-Code	1
2—aus—5—Code	2
Biquinär-Code	2
1—aus—10—Code	2
Gray-Code	1

Je nach der Größe des Hamming—Abstandes D können nun Fehler erkannt oder sogar korrigiert werden.

$D = 0$:　　　Es sind mindestens zwei Codewörter identisch.

$D = 1$:　　　Falls Anzahl der Zeichen $n < 2^l$ ($l =$ Länge des Codewortes) ist, ist eine teilweise Fehlererkennung möglich.

$D = 2$:　　　Alle Fehler, die nur ein Bit betreffen, können erkannt werden.

Beispiel: Paritätsprüfung. Es wird das Codewort durch ein Prüfbit P derart erweitert, daß die Anzahl der Einsen immer gerade oder ungerade ist.

　P　　　hier wird auf gerade Parität ergänzt.

000　　　bei Veränderung eines einziges Bits ist die

011　　　Anzahl der Einsen ungerade, wodurch der Fehler

101　　　erkannt wird.

110

Die Redundanz beträgt bei gleichwahrscheinlichen Zeichen 1 bit.

$D = 3$:　　　Zweifache Fehler können erkannt, einfache Fehler korrigiert werden.

Beispiel:

00000　　　Bei Auftreten eines einfachen Fehlers wird das

10011　　　gestörte Codewort durch jenes Codewort ersetzt,

11100　　　zu dem das gestörte Zeichen den kleinsten Hamming-

01111　　　abstand d hat.

00111　　　gestörtes Zeichen

　　$d = 1$

01111　　　richtiges Zeichen (korrigiert).

Allgemein können alle Störungen, die weniger als D Bits betreffen, erkannt und alle Störungen, die weniger als $\frac{D}{2}$ (D gerade) oder $\frac{D+1}{2}$ (D undgerade) Bits betreffen, korrigiert werden.

1.6 Flußdiagramme (flow charts)

Zur übersichtlichen Darstellung von zeitlichen Abläufen in der Informationsverarbeitung bedient man sich sogenannter *Ablaufpläne* (Flußdiagramme). Die Übersichtlichkeit resultiert aus der zweidimensionalen Darstellung und aus der durch die Anwendung von Sinnbildern möglichen starken Reduzierung des Textes. Um eine allgemeine Verständigung mit Hilfe dieser Pläne und ihren Austausch zwischen verschiedenen Stellen zu ermöglichen, wurden die *Elemente* oder *Sinnbilder* von Ablaufplänen genormt (DIN 6601).

In Abb. 1.4 sind die wichtigsten Sinnbilder, die auch im folgenden verwendet werden, erläutert; Abb. 1.5 zeigt das Flußdiagramm für die Berechnung des Ausdruckes.

$$y = \frac{a+b}{c-d}$$

Operation allgemein (process).
Diese Aktivität bewirkt im allgemeinen die Änderung von Werten oder Zuständen z.B.: $a := a + 1$. Der Doppelpunkt deutet an, daß es sich nicht um eine Gleichung im algebraischen Sinne, sondern um die Zuteilung eines neuen Wertes für die Variable a, in diesem Fall der um 1 erhöhte Wert von a, handelt[6]).

Verzweigung (Decision).
Durch eine Verzweigung wird der Ablauf in Abhängigkeit von einer in der Raute angegebenen Bedingung in verschiedene Richtungen gelenkt.

Z.B.:

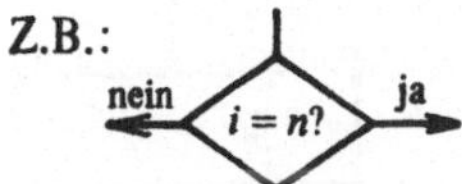

Eingabe, Ausgabe (input/output)

Ablauflinie (flow line)
Zur Verdeutlichung des Ablaufs wird auf das jeweils nächstfolgende Sinnbild ein Pfeil gerichtet.

Zusammenführung (junktion)
Der Ausgang wird zweckmäßigerweise mit einem Pfeil gekennzeichnet.

---

[6]) Manchmal wird auch ein Pfeil ($\rightarrow$) für die Zuweisung verwendet.

Übergangsstelle (connector)
Der Übergang kann von mehreren Stellen aus, aber nur zu
einer Stelle hin erfolgen. Sie dient dazu, Verbindungen ohne
Ziehen einer Verbindungslinie anzugeben. Zusammengehöri-
ge Übergangsstellen tragen die gleiche Bezeichnung.

Grenzstelle (terminal, interrupt)
Diese markiert Anfang, Ende oder Unterbrechung eines Ablaufes.

Abb. 1.4: Sinnbilder für Flußdiagramme

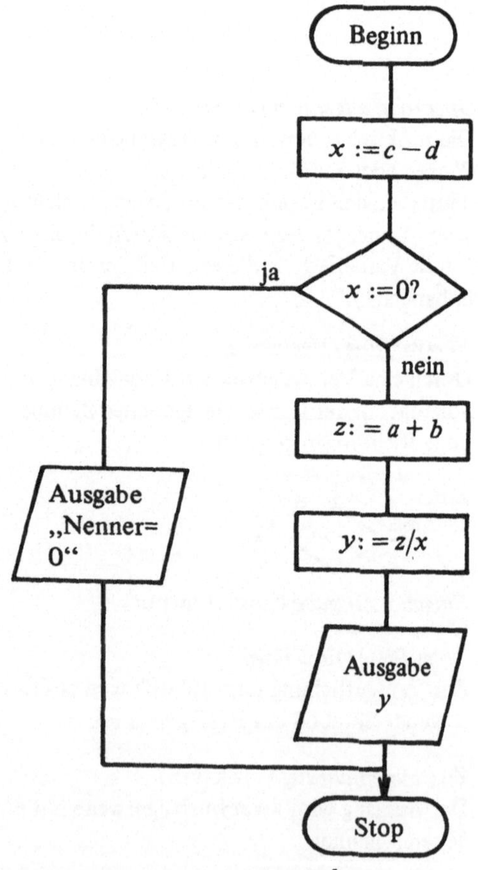

Abb. 1.5: Flußdiagramm für die Berechnung von $\dfrac{a + b}{c - d}$

2. Zahlensysteme, Konvertierung und Rechenoperationen

2.1 Darstellung von Zahlen in verschiedenen Systemen

Die Darstellung einer natürlichen Zahl im *Zehner- oder Dezimal*-system erfolgt nach dem Schema:

$$n = \sum_{i=0}^{N-1} a_i \, 10^i$$

wobei N die Anzahl der Stellen und a_i die Ziffern bedeuten. Die Zahlen bestehen aus einer Ziffernfolge, wobei jeder Ziffer (Stelle) ein bestimmtes Gewicht (Stellenwert) zugeordnet ist. Die Stellenwerte entsprechen einer Potenzreihe von 10, 10 ist die Basis des Zahlensystems.

Beispiel:

$$3519$$

Stellenwert $\quad 10^3 \quad 10^2 \quad 10^1 \quad 10^0$

Der Wert der Zahl ergibt sich zu:

$$3519 = 3.10^3 + 5.10^2 + 1.10^1 + 9.10^0$$

Anstelle der Basis 10 kann jede natürliche Zahl ≥ 2 verwendet werden.

$$n = \sum_{i=0}^{N-1} a_i \, B^i$$

Es sind B Ziffern (z.B. $0, 1, 2, \ldots, B-1$) notwendig.

Zahlensysteme, bei denen die Zahlen nach Potenzen von B zerlegt werden, heißen *Polyadische Zahlensysteme*.

Zweier- oder Dualsystem:

$B = 2$:   Die Ziffern sind 0 und 1

$$n = \sum_{i=0}^{N-1} a_i 2^i = a_{N-1} \, 2^{N-1} + a_{N-2} \, 2^{N-2} + \ldots + a_1 2^1 + a_0 2^0$$

Beispiel:

$$3519_{10} = 110110111111_2 = 1.2^{11} + 1.2^{10} + 0.2^9 + 1.2^8 + 1.2^7 +$$

$$0.2^6 + 1.2^5 + 1.2^4 + 1.2^3 + 1.2^2 + 1.2^1 + 1.2^0$$

Wenn über die Basis B Zweifel bestehen könnten, wird sie als Index an die Ziffernfolge angefügt (siehe obiges Beispiel)

2.2 Zahlensysteme mit der Basis 2^n

Vom Zweiersystem lassen sich weitere Zahlensysteme ableiten:

$$n = \sum_{i=0}^{N-1} a_i 2^i = a_{N-1}\, 2^{N-1} + a_{N-2}\, 2^{N-2} + \ldots + a_3 2^3 + a_2 2^2 + a_1 2^1 + $$

$$+ a_0 2^0$$

Faßt man von rechts beginnend je 2 Dualstellen zusammen, so erhält man eine Reihe von Dual-Zahlen, die die Ziffernfolge im Vierersystem darstellen.

$$n = (a_{N-1} 2^1 + a_{N-2} 2^0) \cdot \underbrace{2^{N-2}}_{\displaystyle 4^{\frac{(N-2)}{2}}} + \ldots + (a_3 2^1 + a_2 2^0) \underbrace{2^2}_{\displaystyle 4^1}$$

$$+ (a_1 2^1 + a_0 2^0) \underbrace{2^0}_{\displaystyle 4^0}$$

$$= \sum_{i=0}^{\frac{N}{2}-1} \underbrace{\sum_{k=0}^{1} a_{2i+k}\, 2^k}_{\displaystyle b_i} = \sum_{i=0}^{M-1} b_i\, 4^i \ldots \textit{Vierersystem}$$

für gerade N, was keine Beschränkung der Allgemeinheit ist, da beliebig viele führende Nullen zulässig sind.

$M = N/2 = $ Anzahl der Stellen im Vierersystem.

Beispiel: $\overline{11}\,\overline{01}\,\overline{10}\,\overline{11}\,\overline{11}\,\overline{11}_2 = 312333_4$

Die Zahlen im Vierersystem sind nur mehr halb so lang.

Faßt man jeweils 3 Stellen zusammen, so erhält man das *Achter- oder Oktalsystem*

$$\sum_{i=0}^{N-1} a_i 2^i = \sum_{i=0}^{\frac{N}{3}-1} 2^{3i} \underbrace{\sum_{k=0}^{2} a_{3i+k}\, 2^k}_{\displaystyle c_i} = \sum_{i=0}^{M-1} c_i 8^i \ldots$$

für alle N, für die $N \bmod 3 = 0$ ist.

$M = N/3 \ldots$ Anzahl der Stellen im Oktalsystem.

Beispiel: $\overline{110}\,\overline{110}\,\overline{111}\,\overline{111}_2 = 6677_8$

Wenn man vier Stellen zusammenfaßt, gelangt man zum *Sechzehner-* oder *Sedezimal-* oder *Hexadezimalsystem.*

$$\sum_{i=0}^{N-1} a_i 2^i = \sum_{i=0}^{\frac{N}{4}-1} 2^{4i} \underbrace{\sum_{k=0}^{3} a_{4i+k} 2^k}_{d_i} = \sum_{i=0}^{M-1} d_i \, 16^i$$

Für alle N, für die $N \bmod 4 = 0$ ist.

$M = N/4$ . . . Anzahl der Stellen im Hexadezimalsystem.

Beispiel: $\underbrace{1101}\underbrace{1011}\underbrace{1111}_2 = DBF_{16}$

Im Hexadezimalsystem gibt es 16 Ziffern

$$0, 1, 2, 3, 4, 5, 6, 7, 8, 9, A, B, C, D, E, F.$$

Man beachte, daß Hexadezimalzahlen nur mehr 1/4 der Länge der Dualzahlen haben. Das Oktal- und das Hexadezimalsystem werden daher vorteilhaft zur Darstellung von binären Speicherabbildern verwendet.

Dezimalsystem: Die zehn Ziffern des Dezimalsystems können, wie bereits erwähnt, ebenfalls im Dualsystem dargestellt werden.

Dezimal	Dual			
	2^3	2^2	2^1	2^0
0	0	0	0	0
1	0	0	0	1
2	0	0	1	0
3	0	0	1	1
4	0	1	0	0
5	0	1	0	1
6	0	1	1	0
7	0	1	1	1
8	1	0	0	0
9	1	0	0	1

Tetrade

Die Darstellung erfolgt nach dem Schema:

$$n = \sum_{i=0}^{N-1} 10^i \underbrace{\sum_{k=0}^{3} a_{4i+k} \cdot 2^k}_{\text{dual}}$$

N = Anzahl der Dezimalstellen
a_{4i+k} = Binärziffern

Beispiel:

$$3519_{10} = (0.2^3 + 0.2^2 + 1.2^1 + 1.2^0) \cdot 10^3 +$$

$$(0.2^3 + 1.2^2 + 0.2^1 + 1.2^0) \cdot 10^2 +$$

$$(0.2^3 + 0.2^2 + 0.2^1 + 1.2^0) \cdot 10^1 +$$

$$(1.2^3 + 0.2^2 + 0.2^1 + 1.2^0) \cdot 10^0 =$$

$$= \quad 0011 \ 0101 \ 0001 \ 1001 \ \ldots \textit{Serien-Serien-Darstellung}$$

Man beachte, daß hier die Binär-Ziffernfolge nicht mit der bei der reinen Dualdarstellung übereinstimmt.

$$3519_{10} = 11011011111_2$$

Matrixartige Darstellung der Dezimalzahlen
(Serien-Parallel-Darstellung)

3	5	1	9	
0	0	0	1	2^3
0	1	0	0	2^2
1	0	0	0	2^1
1	1	1	1	2^0
10^3	10^2	10^1	10^0	

dezimal (↓ dual)

2.3 Konvertierung von Zahlen

Während alle Zahlensysteme, deren Basen Potenzen von 2 sind, ohne Umrechnung ineinander übergeführt werden können, ist bei der Konvertierung ins Zehnersystem oder umgekehrt Rechenaufwand erforderlich.

Allgemein geht es bei der Konvertierung von Zahlen darum, die Ziffernfolge a_i einer Zahl im System mit der Basis B_1 in die Ziffernfolge b_i des Systems mit der Basis B_2 umzuwandeln, wobei die Gleichung

$$n = \sum_{i=0}^{N-1} a_i B_1^i = \sum_{i=0}^{M-1} b_i B_2^i$$

erfüllt sein muß.

Durch Division der Zahl durch die Basis B_2 des Zielsystems erhält man als Rest die Ziffer b_0.

$$\frac{n}{B_2} = \sum_{i=1}^{M-1} b_i B_2^{i-1} + \frac{b_0}{B_2} = \text{ganzzahliger Quotient } n_1, \text{Rest } b_0.$$

Nach Division des verbleibenden Quotienten n_1 durch B_2 fällt als Rest b_1 heraus.

$$\frac{n_1}{B_2} = \sum_{i=2}^{M-1} b_i B_2^{i-2} + \frac{b_1}{B_2} = n_2, \text{Rest} = b_1.$$

Durch fortlaufende Division durch die Basis des Zielsystems B_2 erhält man als Divisionsreste die Ziffernfolge b_i im neuen System.

Die Konvertierung läuft nach folgendem Schema ab:

$$Q_i : B_2 = Q_{i+1}, \text{Rest}_{i+1} = b_i \, (i = 0, 1, \ldots, M-1) \quad Q_0 = n.$$

Die Reste $R_1, R_2, \ldots, R_M$ entsprechen den Ziffern $b_0, b_1, \ldots, b_{M-1}$ im neuen System, anders ausgedrückt: $b_i = Q_i \bmod B_2$; $Q_0 = n$.

Beispiel: Die Zahl 9523_{10} soll ins Oktalsystem umgewandelt werden.

$$9523 : 8 = 1190, \text{Rest } 3$$
$$1190 : 8 = 148, \text{Rest } 6$$
$$148 : 8 = 18, \text{Rest } 4$$
$$18 : 8 = 2, \text{Rest } 2$$
$$2 : 8 = 0, \text{Rest } 2$$
$$9523_{10} = 22463_8$$

Die Umrechnung selbst erfolgt entweder im alten System, von dem konvertiert wird (Basis B_1) oder im Zielsystem (Basis B_2).

2.3.1 Umrechnung im Zielsystem

Die Umrechnung erfolgt in diesem Fall ganz einfach durch die Berechnung der Summe

$$\sum_{i=0}^{N-1} a_i B_1^i$$

wobei man sich vorteilhafterweise des *Horner-Schemas* bedient.

$$\sum_{i=0}^{N-1} a_i B_1^i = ((\ldots((a_{N-1}B_1 + a_{N-2})B_1 + a_{N-3})B_1 + \ldots + a_2)B_1 + a_1)B_1 + a_0$$

Die Ziffern a_i und die Basis B_1 (Konstante) müssen im Zielsystem als Zahlen dargestellt werden.

Beispiel: Es soll die Dezimalzahl 9425 nach der Eingabe in eine EDV-Anlage in das maschineninterne Dualsystem umgerechnet werden[1]).

$$n_2 = ((1001.1010+0100).1010+0010).1010+0101$$
$$= 10010011010001_2.$$

Sind die Ziffern a_i im Dual-Code dargestellt (siehe Tab. 1.2), so können sie direkt verarbeitet werden, andernfalls ist eine tabellarische Umsetzung bzw. Umrechnung[2]) notwendig.

2.3.2 Umrechnung im alten System

In diesem Fall erhält man die Ziffernfolge als Divisionsreste nach der fortlaufenden Division der Zahl bzw. des Quotienten durch die Basis des Zielsystems.

Beispiel: Es soll die im maschineninternen Dualsystem dargestellte Zahl 10010011010001_2 für die Ausgabe in das Dezimalsystem konvertiert werden[1]).

---

[1]) Multiplikation und Division im Dualsystem siehe Kapitel 2.5

[2]) Beim Excess-3-Code müssen beispielsweise die Ziffern lediglich um 3 erniedrigt werden.

$$100100110100001_2 : 1010_2 = 1110101110_2 \quad \text{Rest } 101_2 \quad = 5_{10}$$
$$1110101110_2 : 1010_2 = 1011110_2 \quad \text{Rest } 10_2 \quad = 2_{10}$$
$$1011110_2 : 1010_2 = 1001_2 \quad \text{Rest } 100_2 \quad = 4_{10}$$
$$1001_2 : 1010_2 = 0 \quad \text{Rest } 1001_2 \quad = 9_{10}$$
$$100100110100001_2 = 9425_{10}$$

2.3.3 Konvertierung von Brüchen

Da jeder unechte Bruch in eine ganze Zahl und einen echten Bruch zerlegt werden kann, seien hier nur die echten Brüche behandelt.

Ein echter Bruch wird im Zahlensystem mit der Basis B dargestellt durch:

$$Z_B = \sum_{i=-1}^{-N} a_i B^i; \quad N \ldots \text{Anzahl der Stellen nach dem Komma.}$$

Nach Multiplikation mit B fällt die erste Ziffer a_{-1} als ganze Zahl heraus

$$Z_B \cdot B = \sum_{i=-1}^{-N} a_i B^{i+1} = a_{-1} + \frac{a_{-2}}{B} + \frac{a_{-3}}{B^2} + \ldots$$

Durch fortlaufende Multiplikation des jeweiligen Restbruches mit B erhält man die Ziffern a_{-1} bis a_{-N}. So verfährt man zum Beispiel bei der Umwandlung vom maschineninternen Dualsystem ins Dezimalsystem für die Ausgabe.

Die Umwandlung dezimal → dual nach der Eingabe erfolgt nach der Formel

$$Z_B = \sum_{i=-1}^{-N} a_i B^i$$

wobei man sich zweckmäßigerweise wiederum des *Horner*'schen Schemas bedient.

Beispiel: Die Zahl 13.625_{10} soll im Dualsystem dargestellt werden, wobei die Umrechnung selbst im Dezimalsystem erfolgt.

$$13_{10} = 1101$$

$$\frac{0.625 \cdot 2}{1.250 \ldots\ldots\ldots 1}$$

$$13.625_{10} = 1101.101$$

$$\frac{0.25 \cdot 2}{0.5 \ldots\ldots\ldots 0}$$

$$\frac{0.5 \cdot 2}{1.0 \ldots\ldots\ldots 1}$$

Länge der Zahlen in den verschiedenen Systemen:

$$L_2 = L_{10} \cdot ld10 = 3{,}3 \cdot L_{10}$$

$$L_2 = L_{16} \cdot ld16 = 4 \cdot L_{16}$$

Daraus ergibt sich für $L_{10} = 1,24\, L_{16}$

2.4 Algebraische Addition und Subtraktion

Bei der algebraischen Addition $s = a + b$ und Subtraktion $d = a - b$ können die Operanden a u. b positiv oder negativ sein. Je nach Art der Darstellung der negativen Zahlen ergeben sich verschiedene Verfahren zur Ermittlung der Summe bzw. Differenz.

2.4.1 Darstellung der negativen Zahlen durch Betrag und Vorzeichen

Positive und negative Zahlen gleichen Betrags unterscheiden sich nur durch das Vorzeichen. Daher wird bei der algebraischen Subtraktion nur das Vorzeichen des Subtrahenden geändert und wie bei der Addition verfahren. Die Beträge und die Vorzeichen werden bei der Operation getrennt behandelt. Gewöhnlich wird die Ziffer 0 für das positive und die Ziffer 1 für das negative Vorzeichen verwendet. Bei der Addition sind zwei Fälle zu unterscheiden:

1) *Vorzeichen der Operanden sind gleich*: In diesem Fall müssen die Beträge addiert werden. Anschließend wird das Vorzeichen des Ergebnisses den Vorzeichen der Summanden gleichgesetzt.
Die Addition zweier N-stelliger Zahlen a u. $b = s$ erfolgt, indem von der niedrigsten Stelle beginnend die Ziffern stellenweise addiert werden. Die Summe in der i-ten Stelle s_i und den Übertrag in die nächst höhere Stelle $ü_{1+1}$ erhält man aus der Division

$$(a_i + b_i + ü_i) : B = ü_{i+1}, \quad \text{Rest } s_i$$

d.h. $ü_{i+1}$ ist der ganzzahlige Quotient, s_i der Divisionsrest und $ü_i$ der Übertrag aus der vorhergehenden Stelle.

Beispiel: Die Zahlen 11_{10} und 9_{10} sind im Dualsystem zu addieren.

```
      dual              dezimal
a ... 1011 ............. 11
b ... 1001 .............  9
ü ...   11 .............  1
      ─────             ───
      10100              20
```

Für die physikalische Darstellung der Zahlen in Rechenanlagen stehen nur endlich viele Stellen (Wortlänge) zur Verfügung. Tritt ein Übertrag aus der

Stelle mit dem höchsten Stellenwert des zur Verfügung stehenden Feldes auf, so bedeutet dies einen arithmetischen Überlauf. Dies muß angezeigt werden, da man sonst mit einem falschen Ergebnis arbeiten würde.

2) *Die Vorzeichen der Operanden sind ungleich*; In diesem Fall müssen die Operanden subtrahiert werden. Man könnte bei der Subtraktion nach einem ähnlichen Schema wie bei der Addition verfahren. Da dies jedoch komplizierte Schaltkreise zur Folge hätte, führt man die Subtraktion mit Hilfe des *Komplementes* auf eine Addition zurück. Dabei wird der Subtrahend b in die Form

$$\bar{b} = C - b \tag{2.1}$$

transformiert, wodurch sich die Subtraktion auf die Form

$$d = a - b = a - (C - \bar{b}) = a + \bar{b} - C \tag{2.2}$$

bringen läßt.

$\bar{b}$ wird als Komplement von b zu C bezeichnet. Selbstverständlich ist diese Transformation nur dann sinnvoll, wenn C so gewählt wird, daß sowohl die Komplementbildung als auch die Subtraktion von C ohne Subtraktion selbst möglich ist.

Stehen N Stellen für die Darstellung einer Zahl zur Verfügung, so ist die Komplementbildung am einfachsten, wenn

$$C = B^N - 1 \quad \textit{(B-1-Komplement oder unechtes Komplement)}$$

ist.

Beispiel: $B = 10, N = 4, b = 28$

$$C = B^N - 1 = 9999$$

$$\bar{b} = 9999$$
$$-\ \underline{0028}$$

$$9971 \quad \ldots \ldots \textit{Neuner-Komplement}$$

Durch die Besetzung jeder Stelle der Konstanten C mit der höchsten Ziffer des Zahlensystems ist keine „Anleihe" bei der nächst höheren Stelle notwendig, wodurch sich die Komplementbildung wesentlich vereinfacht.

Werden z.B. die Ziffern des Dezimalsystems im Aiken–Code oder Excess–3–Code dargestellt (siehe Tab. 1.2), so kann das 9er Komplement gebildet werden, indem jede Stelle (Bit) invertiert (0 durch 1 und 1 durch 0 ersetzt) wird.

Beispiel: $B = 2, N = 5, b = 101 \ldots$ Dualsystem

$$C = B^N - 1 = 11111$$

$$\begin{aligned} \bar{b} &= 11111 \\ &\underline{- \; 00101} \\ & \; 11010 \end{aligned} \ldots \ldots \textit{Einer-Komplement}$$

Das Einer-Komplement im Dualsystem wird ebenfalls durch Invertieren jeder Stelle erreicht.

Die Subtraktion der Konstanten C ist am einfachsten, wenn

$$C = B^N \quad \textit{(B-Komplement oder echtes Komplement)}$$

ist, da diese Zahl in allen Stellen C_i $(i = 1, 2, \ldots N)$ Nullen aufweist und lediglich $C_{N+1} = 1$ ist. Diese Stelle liegt aber bereits außerhalb des betrachteten Bereiches und braucht deshalb nicht weiter beachtet zu werden, da

$$(a + (B^N - b) \bmod B^N = (a + (B^N - b) - B^N) \bmod B^N \text{ ist.}$$

Es sieht auf den ersten Blick so aus, als ob keines der Komplemente geeignet wäre, weil sie nicht gleichzeitig die geforderten Bedingungen erfüllen. Dem ist aber nicht so, denn es kann sowohl aus dem (B−1)-Komplement durch Addition von eins[3]) das B-Komplement gebildet, als auch die Subtraktion von $(B^N - 1)$ durch Subtraktion von B^N und anschließender Addition von eins durchgeführt werden. Je nach der Größe von a und b sind 2 Fälle zu unterscheiden:

Fall 1: $a \geqslant b$ Das Ergebnis ist positiv $(d \geqslant 0)$
Aus Gl 2.2 folgt:

$$C + d = a + \bar{b} \tag{2.3}$$

Da $d \geqslant 0$ ist, gilt die Ungleichung:

$$a + \bar{b} \geqslant C$$

d.h. es tritt ein Übertrag in die (fiktive) $(N + 1)$ te Stelle auf, wenn
1) $C = B^N$
2) $C = B^N - 1$ und $a \neq b$ ist.

---

[3]) Laut Definition unterscheiden sich das (B−1)-Komplement und das B-Komplement nur durch 1.

Beispiel: $B = 10, N = 2, a = 86, b = 35$

9er Komplement-Darstellung:

$$\begin{array}{l} 99 \\ \underline{-35} \\ 64 \ \text{9er Komplement} \end{array}$$

10er Komplement-Darstellung:

$$\begin{array}{l} 64 \quad \text{9er Komplement} \\ \underline{+\ 1} \\ 65 \quad \text{10er Komplement} \end{array}$$

$$a + \bar{b}_9 = 86 + 64 = 150$$
$$d = 150 - 99 = 150 + 1 - 100$$
$$= 151 - 100 = 51$$

$$a + \bar{b}_{10} = 86 + 65 = 151$$
$$d = 151 - 100 = 51$$

Es tritt bei beiden Verfahren ein Übertrag in die $N + 1$ te Stelle auf, was einer Addition von B^N entspricht. Da diese Stelle nicht vorhanden ist, erübrigt sich die Subtraktion. Der Übertrag gilt aber als Kriterium dafür, daß das Ergebnis positiv und die Summe $a + \bar{b}$ der Betrag der Differenz ist.

Fall 2: $a < b$ Das Ergebnis ist negativ $(d < 0)$
In diesem Fall folgt aus Gl 2.3 die Gleichung:

$$C - d = a + \bar{b} \quad \text{bzw. die Ungleichung:}$$
$$a + \bar{b} < C$$

d.h. es tritt bei der Addition kein Übertrag in die $N + 1$ te Stelle auf.

Da $C - d$ definitionsgemäß das Komplement von d ist, folgt in diesem Fall:

$$a + \bar{b} = \bar{d}$$

Durch abermalige Komplementbildung erhält man d

$$\overline{[\bar{d}]} = C - \bar{d} = C - (C - d) = d$$

Beispiel: $B = 2, N = 5, a = 5, b = 12$

1er Komplement-Darstellung:

$$\begin{array}{l} b \ \ = 01100 \\ \bar{b}_1 = 10011 \ (\text{1er Komplement}) \\ \text{Summe } a + \bar{b} = 00101 \\ \qquad \underline{+\ 10011} \\ \qquad\quad 11000 = \bar{d}_1 \end{array}$$

2er Komplement-Darstellung:

$$\begin{array}{l} b \ \ = 01100 \\ \bar{b}_1 = 10011 \\ \underline{+ \qquad\qquad 1} \\ \qquad 10100 = \bar{b}_2 \ (\text{2er Komplement}) \\ a + \bar{b} = 00101 \\ \qquad \underline{+\ 10100} \\ \qquad\quad 11001 = \bar{d}_2 \end{array}$$

Es erfolgt kein Übertrag, daher ist das Ergebnis der Addition $\bar{d}$. Den Betrag erhält man durch Komplementbildung:

Das 1er Komplement
von   11000
ist $00111 = 7_{10}$

Das 2er Komplement
von   11001
ist   00110
+   1
$00111 = 7_{10}$

Es gilt daher für die Subtraktion folgende Regel:
Bei Übertrag aus der höchsten Stelle:

Ergebnis der Addition $a + \bar{b}$ ist Betrag der Differenz; die Differenz ist positiv.

Kein Übertrag aus der höchsten Stelle:

Ergebnis der Addition $a + \bar{b}$ ist das Komplement des Betrages der Differenz; die Differenz ist negativ.

Das Ablaufschema in Abb. 2.1 für die algebraische Addition und Subtraktion veranschaulicht diesen Sachverhalt.

2.4.2 Darstellung der negativen Zahlen durch das B-Komplement

Stellt man die negativen Zahlen gleich im B-Komplement dar, so ergibt sich gegenüber der Darstellung in 2.4.1 ein wesentlich einfacheres Verfahren für die algebraische Addition und Subtraktion. Hat man N-Stellen für die Darstellung der Zahlen im System mit der Basis B zur Verfügung, so sind alle Zahlen

$$0, 1, 2, \ldots, B^N - 1$$

darstellbar, wenn man sich auf positive ganze Zahlen beschränkt.

Will man jedoch negative Zahlen miteinbeziehen, so teilt man den Zahlenbereich in zwei Teile und definiert den einen als positive, den anderen als negative Zahlen. Im Falle des Dualsystems ergibt sich somit folgende Zuordnung:

$N = 4$

0000	(0)	1001	(−7)
0001	(1)	1010	(−6)
0010	(2)	1011	(−5)
0011	(3)	1100	(−4)
0100	(4)	1101	(−3)
0101	(5)	1110	(−2)
0110	(6)	1111	(−1)
0111	(7)	(0000)	(0)
1000	(−8)		

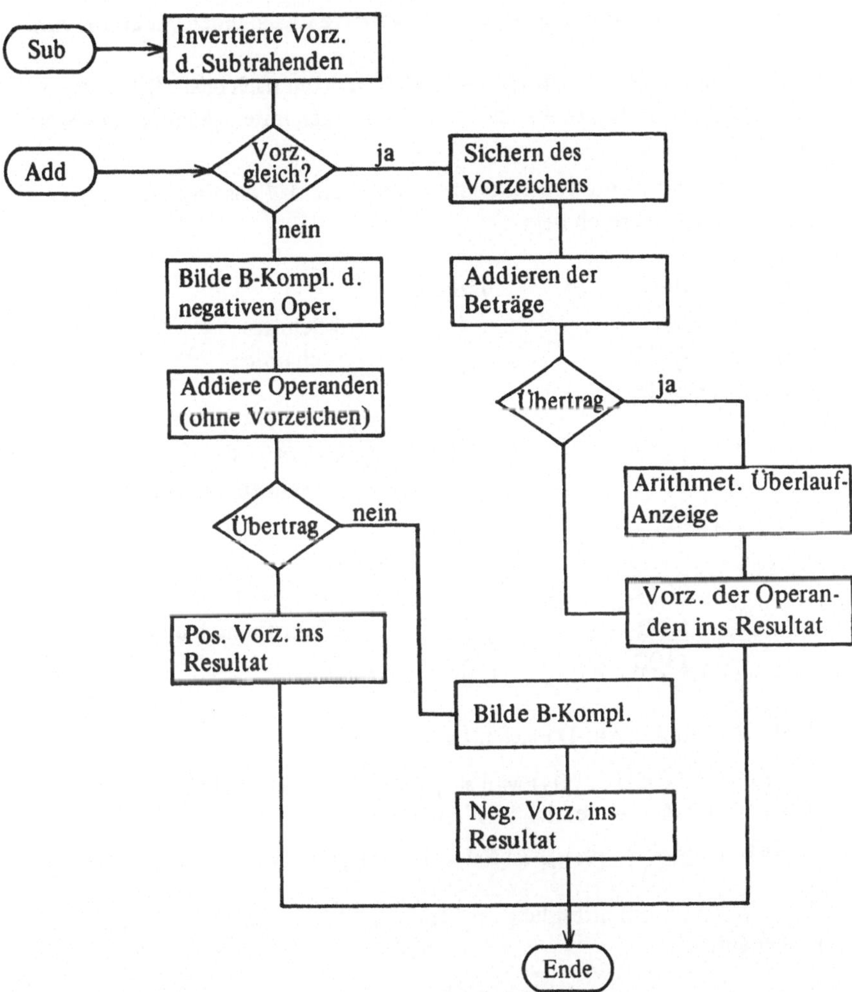

Abb. 2.1: Flußdiagramm für die algebraische Addition und Subtraktion; Darstellung der negativen Zahlen durch Betrag und Vorzeichen.

Diese Zahlenkolonne kann als *Zahlenring* aufgefaßt werden, entsprechend einem N-stelligen Zählwerk, bei dem nach 1111 wieder 0000 erscheint (*Ringzählwerk*, z.B.: Kilometerzähler, bei dem auf 99999 wiederum 00000 folgt). Faßt man nun alle Zahlen, die in der ersten Stelle eine 0 enthalten, als positive Zahlen, den Rest (*Komplementärmenge*) als B-Komplemente der negativen Zahlen auf, so erhält man

1) die Summe $a + b$ durch Zählen von b Schritten nach unten (Addition von b)

2) die Differenz $a - b$ durch Zählen von b Schritten nach oben (Subtraktion von b), oder durch Zählen von $\bar{b}$ Schritten nach unten (Addition des Komplementes von b).

Die Aussagen 1) und 2) gelten nur für den Fall, daß das Ergebnis im vorgegebenen Zahlenbereich liegt.

Beispiel :   dual: dezimal

```
          1100          - 4        6 Schritte
        + 0110          + 6        nach unten
        (1)0010           2
```

```
          0111            7        5̄ = 16 - 5 = 11
          1011          - 5̄        11 Schritte nach unten
        (1)0010           2
```

```
          0011            3        7̄ = 16 - 7 = 9
          1001          - 7        9 Schritte nach unten
          1100          - 4
```

In der B-Komplement-Darstellung gilt folgendes:

1) Die Zahl Null ($000 \ldots 0_2$) wird als positive Zahl aufgefaßt.

2) Darstellbarer Zahlenbereich bei N-Stellen ist:

$$-2^{N-1} = 1000 \ldots 00 \text{ bis } + 2^{N-1} - 1 = 0111 \ldots 11$$

Durch B-Komplementbildung der kleinsten Zahl (negativ) erhält man einen Überlauf.

```
        1000 ... 0     Kleinste Zahl
        0111 ... 1     Einer-Komplement
    +          1
        1000 ... 0     Überlauf
```

Der Fall, daß das Ergebnis einer Addition außerhalb des vorgegebenen Bereiches liegt (Überlauf), kann nur auftreten, wenn entweder beide Operanden positiv oder beide Operanden negativ sind.

Beispiel: 0101   5
              +0101   +5
             ――――――   ――――――
              1010   10

Es entsteht hier ein Übertrag in die höchste Stelle, aber kein Übertrag nach außen; das Vorzeichen[4]) des Ergebnisses ist verschieden von denen der Operanden, dies bedeutet Überlauf.

Beispiel: 1010   −6
               1101   −3
             ――――――   ――――――
             (1)0111   −9

Es entsteht kein Übertrag in die höchste Stelle, aber ein Übertrag nach außen; das Vorzeichen des Ergebnisses ist wiederum verschieden zu denen der Operanden, dies bedeutet wiederum Überlauf.

Ein Kriterium für die Überlauf-Erkennung bei gleichen Vorzeichen der Operanden.ist also die Vorzeicheninversion. Dies bedeutet, daß am Ende der Rechenoperation bekannt sein muß, welche Vorzeichen die Operanden vorher hatten.

Aus den vorhergehenden Rechenbeispielen läßt sich auch folgende Überlaufregel ableiten, die unabhängig von den Vorzeichen der Operanden vor der Addition gilt (siehe Abb. 2.2):

1) Übertrag in die höchste Stelle ($\dot{U}_N$) und kein Übertrag von dieser nach außen (kein $\dot{U}_{N+1}$); bei positiven Operanden.
2) Kein Übertrag in die höchste Stelle (kein $\dot{U}_N$) und Übertrag von dieser nach außen ($\dot{U}_{N+1}$); bei negativen Operanden.

Ein Vergleich mit dem Flußdiagramm in Abb. 2.1 zeigt den großen Vorteil der Komplementdarstellung:
– keine Vorzeichenmanipulation
– kein Komplementieren und Rückkomplementieren.

Dieser Vorteil wirkt sich besonders bei rechenintensiven Anwendungen aus.

―――――――――――――

[4]) Man kann die erste Stelle auch als Vorzeichen auffassen; es wird in die Rechenoperation miteinbezogen.

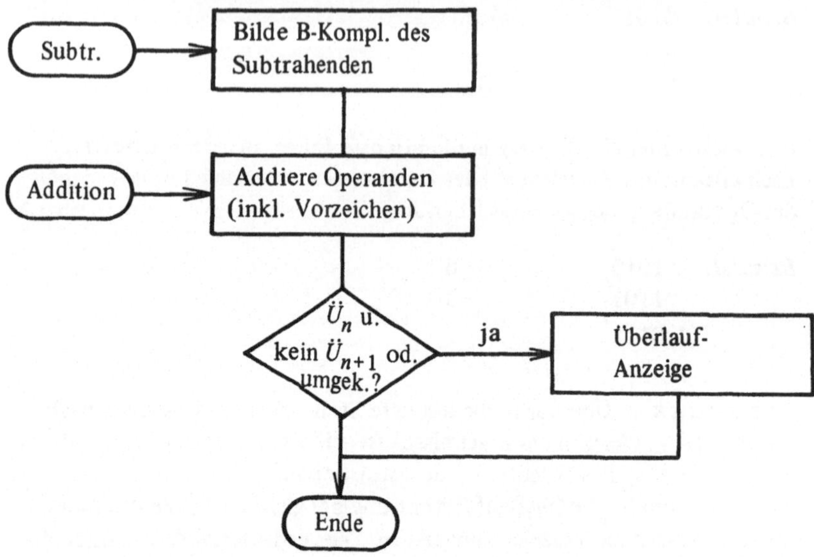

Abb. 2.2 Algebraische Addition und Subtraktion; Darstellung der negativen Zahlen durch das B−Komplement.

2.4.3 Darstellung der negativen Zahlen durch das B-1-Komplement

Auch hier sind im Falle des Dualsystems alle Zahlen mit einer 0 in der höchsten Stelle positiv, die restlichen negativ.

Die Zuordnung der negativen Zahlen zu den Elementen des Zahlenringes erfolgt hier nach dem Schema:

0000	(0)	1001	(6)
0001	(1)	1010	(5)
0010	(2)	1011	(4)
0011	(3)	1100	(3)
0100	(4)	1101	(2)
0101	(5)	1110	(1)
0110	(6)	1111	(0)
0111	(7)	(0000)	(+0)
1000	(7)		

Der Unterschied zum B-Komplement liegt darin, daß

— der größtmögliche Betrag der negativen Zahlen gleich jenem der positiven Zahlen ist, nämlich $2^{N-1} - 1$;

– die Zahl Null sowohl durch $000 \ldots 0_2$ (positive 0) als auch durch $111 \ldots 1_2$ (negative Null) dargestellt wird.

Die im Falle eines Übertrags in die $(N + 1)$te Stelle notwendige Addition einer Eins zum Ergebnis (anstelle der Subtraktion von $(B^N - 1)$ tritt Subtraktion von B^N und Addition von Eins) kann durch Rückführung und Addition des Übertrags aus der höchsten Stelle zur Einerstelle des Ergebnisses erreicht werden (*Einer-Rücklauf*).

Beispiel:	7	0111	
	$\underline{-4}$	$\underline{1011}$	1er Komplement von 4
	3	0010	
		$\underline{(1)1}$	Einer-Rücklauf
		0011	

Beispiel:	4	0100	
	$\underline{-7}$	$\underline{1000}$	1er Komplement von 7
	-3	1100	1er Komplement von 3

hier erfolgt kein Übertrag aus der höchsten Stelle, daher auch keine Subtraktion von B^N mit anschließender Addition von 1.

Die zwei Darstellungsarten der Null haben auf das Ergebnis der Addition keinen Einfluß, wie das folgende Beispiel zeigt:

0000	0_{10}	0101	5_{10}	
$\underline{1111}$	$\underline{-0_{10}}$	$\underline{1111}$	-0_{10}	
1111	-0_{10}	(1)0100		
		$\underline{1}$		Einer-Rücklauf
		0101	5_{10}	

Bei Abfragen auf Null (z.B. bei bedingten Sprüngen) ist diese Doppeldarstellung der Null jedoch ein Nachteil.

Das Ablaufschema für die algebraische Addition und Subtraktion ist ähnlich dem in Abb. 2.2.

Die Darstellung der negativen Zahlen durch die Komplemente kann sinngemäß auf alle polyadischen Zahlensysteme angewendet werden.

Beispiel: $B = 10, N = 2, B -$ Komplement $-$ Darstellung

Alle Zahlen, die in der höchsten Stelle eine Ziffer $\leqslant 5$ aufweisen, sind positiv, die restlichen negativ.

Pos. Zahl mit größtem Betrag: 49
Neg. Zahl mit größtem Betrag: 50

$$
\begin{array}{ll}
13 & 36 \\
+25 & 25 \\
\hline
38 & 61 \ldots \text{Überlauf}
\end{array}
$$

$$
\begin{array}{ll}
48 & 48 \\
-37 & 63 \\
\hline
11 & (1)11
\end{array}
$$

$$
\begin{array}{ll}
37 & 37 \\
-48 & 52 \\
\hline
-11 & 89 = -11
\end{array}
$$

$$
\begin{array}{ll}
-15 & 85 \\
-35 & 65 \\
\hline
-50 & (1)50 = -50
\end{array}
$$

$$
\begin{array}{ll}
-35 & 65 \\
-35 & 65 \\
\hline
-70 & (1)30 \ldots \text{Überlauf}
\end{array}
$$

Auch hier gilt die Regel, daß Überlauf dann eingetreten ist, wenn das Vorzeichen des Ergebnisses ungleich den Vorzeichen der Operanden ist.

2.5 Multiplikation und Division

Die Multiplikation im Zahlensystem mit der Basis B erfolgt nach dem Schema

$$
ab = a \sum_{i=0}^{N-1} b_i B^i = a \left(b_{N-1} B^{N-1} + \ldots + b_1 B^1 + b_0 B^0 \right)
$$

Durch Anwendung des *Horner*'schen Schemas erhält man die Form:

$$
ab = ((\ldots ((a\, b_{N-1} B + a\, b_{N-2}) B + a\, b_{N-3}) B + \ldots
$$

$$
\ldots + a\, b_2) B + a\, b_1) B + a\, b_0
$$

Das Produkt wird also durch fortlaufende Berechnung der Partialsumme S_i erreicht:

$$S_{N-1} = a\, b_{N-1}$$

$$S_{N-2} = S_{N-1}\, B + a\, b_{N-2}$$

$$S_i \quad = S_{i+1}\, B + a\, b_i$$

$$S_0 \quad = S_i\, B + a\, b_0 = ab \dots \text{Produkt}$$

Die Multiplikation der Partialsumme S_{i+1} mit B erfolgt ganz einfach durch Verschiebung der Partialsumme um eine Stelle nach links oder Verschiebung des Summanden a um eine Stelle nach rechts. Die Stelle b_i des Multiplikators b gibt an, wie oft der Multiplikand a zur erweiterten Partialsumme $S_{i+1} B$ addiert werden muß.

Für das Dualsystem ergibt sich ein sehr einfacher Ablauf. Es wird abwechselnd addiert und verschoben, wobei die Addition nur im Falle $b_i = 1$ durchgeführt werden muß.

Beispiel:

$$13 \times 11$$

$$
\begin{array}{lll}
& \underline{1101 \times 1011} & \\
& \overline{1101} \dots S_3 & \\
+ & \underline{\quad 0000} & \text{verschieben} \\
& 11010 \dots S_2 & \\
+ & \underline{\quad 1101} & \text{verschieben und addieren} \\
& 1000001 \dots S_1 & \\
+ & \underline{\quad 1101} & \text{verschieben und addieren} \\
& 10001111 \dots S_0 & \text{(Endergebnis)}
\end{array}
$$

Die Division erfolgt durch sukzessives Subtrahieren des Divisors vom Dividenden und Verschieben.

3. Grundzüge der Schaltalgebra

Die Darstellung und Verarbeitung von Information in digitalen Rechenanlagen erfolgt durch elektronische Speicher-, Transport- und Verknüpfungseinrichtungen. **Zur algebraischen Beschreibung der Zusammenhänge und Vorgänge in solchen Schaltungen (Schaltkreisen) bedient man sich der Schaltalgebra als Hilfsmittel.**

Die Grundlagen für die Schaltalgebra schuf *George Boole* (1815–1864) in seinem Buch „An Investigation of the Laws of Thought", in dem er die Logik mit Hilfe algebraischer Methoden systematisch und abstrakt behandelte.

Da die Darstellung der Information in Rechenanlagen durch binäre Systeme erfolgt, ist es naheliegend, ein Axiomensystem zu verwenden, das ebenso wie die Aussagenlogik über einer Menge von nur 2 Elementen (0 u. 1) definiert ist. Auf ein solches Axiomensystem stützt sich die Schaltalgebra.

Alle logischen Zusammenhänge werden durch spezielle Funktionen (*Schaltfunktionen*) dargestellt; diese lassen sich dann direkt in Schaltkreise umsetzen.

Zunächst seien einige Definitionen angeführt:

Schaltvariable (Boole'sche Variable): Eine Variable, die nur endlich viele Werte annehmen kann.

Schaltfunktion: Eine Funktion einer oder mehrerer Schaltvariablen $f(X_1, X_2, \ldots, X_n)$.

Eine Schaltfunktion kann ebenfalls nur endlich viele Werte annehmen.

Binäre Schaltvariable: Eine Variable, die nur eine von zwei Werten annehmen kann (z.B. 0 u. 1).

Eine Funktion aus binären Schaltvariablen heißt *binäre Schaltfunktion*.

Da wir es in unserem Fall ausschließlich mit binären Schaltvariablen zu tun haben, werden wir im Folgenden die Bezeichnung binär weglassen.

Es gibt 2^n verschiedene Wertekombinationen von n Variablen. Eine Schaltfunktion $f(X_1, X_2, \ldots, X_n)$ ist eine Verknüpfungsvorschrift, die jeder der 2^n Wertekombinationen der Schaltvariablen $X_1, X_2, \ldots, X_n$ eindeutig einen Wert $f(X_1, X_2, \ldots, X_n) = 0$ oder 1 zuordnet (Zweiwertige Funktion zweiwertiger Variablen). Daher existieren $2^{(2^n)}$ verschiedene Funktionen.

Die Schaltfunktion kann formal durch einen Ausdruck oder durch eine *Wahrheitstafel*[1]) dargestellt werden.

In einer Wahrheitstafel werden die 2^n möglichen Wertekombinationen gelistet und zu jeder der Funktionswert angegeben.

---

[1]) Der Ausdruck „Wahrheitstafel" stammt aus der Aussagenlogik, in der 1 für „wahr" und 0 für „nicht wahr" steht.

Wertekombinationen					Funktionen					
X_1	X_2	$\ldots$	X_{n-1}	X_n	f_1	f_2	f_3	f_4	$\ldots$	$f_{2(2^n)}$
1	0		0	0	0	1	0	1		1
1	0		0	0	0	0	1	1		1
0	1		0	0	0	0	0	0		1
.	.		.	.	.	.	.	.		.
.	.		.	.	.	.	.	.		.
.	.		.	.	.	.	.	.		.
1	1		1	1	0	0	0	0		1

Tab. 3.1: Wahrheitstafel der $(2)^{2^n}$ Funktionen $f_1, f_2, \ldots, f_{2(2^n)}$

3.1 Einstellige Schaltfunktionen (Funktionen einer Variablen)

Da $n - 1$ ist, gibt es $2^{2^1} = 4$ verschiedene Funktionen.

X	f_1	f_2	f_3	f_4
0	0	0	1	1
1	0	1	0	1

Tab. 3.2: Die einstelligen Schaltfunktionen

Die Funktionen f_1 und f_4 sind die konstanten Funktionen.

$f_1 (X) = 0$ Nullfunktion
$f_4 (X) = 1$ Einsfunktion.

Die Funktion f_2 wird als Identität

$$f_2 (X) = X,$$

die Funktion f_3 als *Negation*

$$f_3 (X) = \bar{X} \text{ bezeichnet.}$$

Anstatt $^{-}$ wird für die Negation auch häufig das Zeichen $\neg$ verwendet.
$f_3 (X) = \neg X \quad \bar{1} = 0; \bar{0} = 1.$

Die Negation spielt im Weiteren eine wichtige Rolle. Die Bedeutung der Identität und Negation sei im folgenden anhand von Schaltern erklärt:

Die Variable sei durch einen Schalter mit Arbeitskontakten S und Ruhekontakten $\bar{S}$ realisiert. Seine zwei möglichen Zustände sind:

Zustand 1:   Schalter ist „eingeschaltet"

$S = 1$ ... Arbeitskontakte geschlossen

$\bar{S} = 0$ ... Ruhekontakte offen

Zustand 0:   Schalter ist „ausgeschaltet"

$S = 0$ ... Arbeitskontakte offen

$\bar{S} = 1$ ... Ruhekontakte geschlossen

Es sei folgender Stromkreis gegeben (Abb. 3.1):

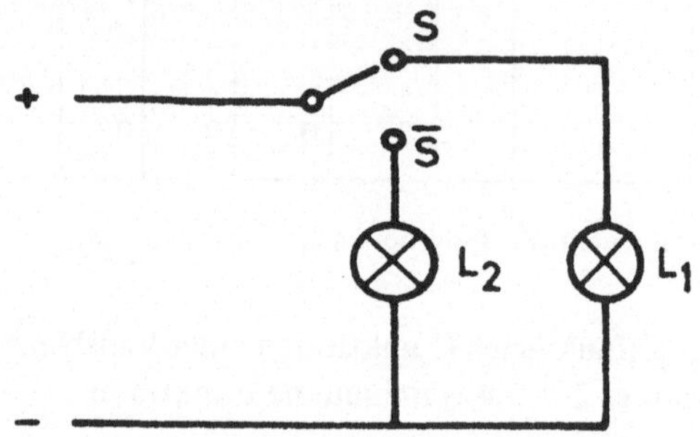

Abb. 3.1 Bedeutung der Identität und Negation

Die Lampe L_1 ist „eingeschaltet" (im Zustand 1), wenn S „geschlossen" (im Zustand 1) ist oder anders ausgedrückt:

$$L_1 = 1, \text{wenn } S = 1 \text{ ist.}$$

Die Lampe L_1 ist „ausgeschaltet" (im Zustand 0), wenn der Schalter S „ausgeschaltet" (im Zustand 0) ist.

$$L_1 = 0, \text{wenn } S = 0 \text{ ist.}$$

Daraus folgt die Funktion für L_1:

$$L_1 = S \text{ ... Identität}$$

Die Lampe L_2 ist „eingeschaltet" (im Zustand 1), wenn Ruhekontakt $\bar{S}$ „geschlossen" (Schalter S im Zustand 0) ist.

$$L_2 = 1, \text{wenn } S = 0 \text{ ist.}$$

L_2 ist „ausgeschaltet" (im Zustand 0), wenn $\bar{S}$ „offen" (S im Zustand 1) ist.

$$L_2 = 0, \text{ wenn } S = 1 \text{ ist.}$$

Für L_2 gilt daher die Funktion: $L_2 = \bar{S}$ . . . Negation

Aus der Gleichung $Y = \bar{X}$ folgt durch Negation beider Seiten:

$$Y = \overline{(\bar{X})} = X,$$

da eine zweimalige Negation den ursprünglichen Wert ergibt

$$\overline{(\bar{0})} = \bar{1} = 0$$
$$\overline{(\bar{1})} = \bar{0} = 1.$$

3.2 Zweistellige Schaltfunktionen (Funktionen zweier Variablen)

$n = 2$, daher existieren $2^{(2^2)} = 16$ verschiedene Funktionen (siehe Tab. 3.3)

Werte-komb.		mögliche Funktionen															
X_1	X_2	f_1	f_2	f_3	f_4	f_5	f_6	f_7	f_8	f_9	f_{10}	f_{11}	f_{12}	f_{13}	f_{14}	f_{15}	f_{16}
0	0	0	1	0	1	0	1	0	1	0	1	0	1	0	1	0	1
0	1	0	0	1	1	0	0	1	1	0	0	1	1	0	0	1	1
1	0	0	0	0	0	1	1	1	1	0	0	0	0	1	1	1	1
1	1	0	0	0	0	0	0	0	0	1	1	1	1	1	1	1	1

Tab. 3.3: Die zweistelligen Schaltfunktionen

Die Funktion f_1 (Nullfunktion) und f_{16} (Einsfunktion) sind wieder die konstanten Funktionen.

Es seien zunächst auf Grund ihrer großen Bedeutung die Funktionen f_9 und f_{15} näher betrachtet.

f_9 wird als *Konjunktion* oder *UND-Verknüpfung*

f_{15} als *Disjunktion* oder *ODER-Verknüpfung*

bezeichnet.

Konjunktion (auch als logisches Produkt oder logisches „UND" bezeichnet)

$$Y = A \wedge B.$$

Als Infixoperator dient das Zeichen $\wedge$.
Gelegentlich werden auch die Zeichen

$$Y = A \cap B \quad \text{oder} \quad Y = A \cdot B$$

verwendet.

Die Bezeichnung „logisches UND" stammt aus der verbalen Definition in der Aussagenlogik:
Y ist dann und nur dann „wahr" (1) wenn A *und* B „wahr" (1) sind. In allen anderen Fällen ist Y „falsch" (0).

Die Bezeichnung logisches Produkt deutet darauf hin, daß die Operation als Multiplikation wie i.d. gewöhnlichen Algebra aufgefaßt werden kann.

Die UND-Verknüpfung entspricht einer Serienschaltung der beiden Schalter A und B.

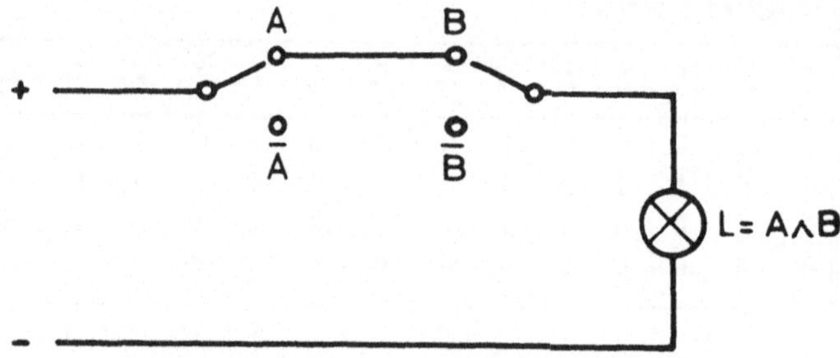

Abb. 3.2: UND-Verknüpfung mit Hilfe zweier Schalter

L ist dann „eingeschaltet", wenn A und B „eingeschaltet" sind.

Disjunktion (logisches „ODER").

$$Y = A \vee B.$$

Als Infixoperator dient das Zeichen $\vee$.

Gelegentlich werden auch die Zeichen

$$Y = A \cup B \quad \text{oder} \quad Y = A + B$$

verwendet.

Die Bezeichnung „logisches ODER" stammt wiederum aus der verbalen Definition:

Y ist dann und nur dann „wahr"(1), wenn entweder A *oder* B, *oder* beide „wahr" (1) sind.

Aus dieser Definition folgt, daß Y nur dann „falsch" (0) ist, wenn A *und* B „falsch" (0) sind.

Bezieht man daher die Aussage auf „falsch", dann wird die ODER-Verknüpfung zur UND-Verknüpfung und umgekehrt. (Dualitätsprinzip)

Die ODER-Verknüpfung entspricht einer Parallelschaltung der beiden Schalter A und B.

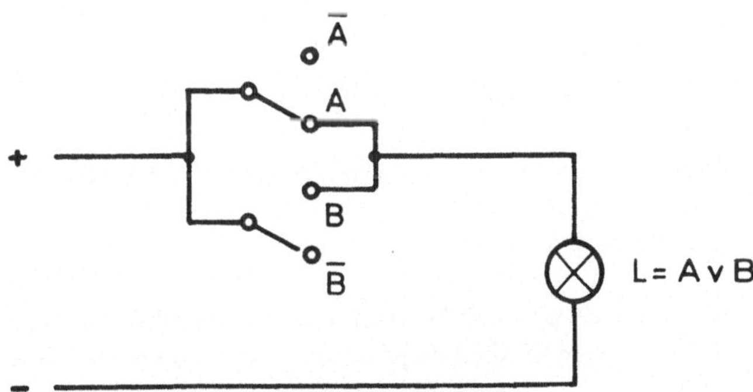

Abb. 3.3: ODER-Verknüpfung mit Hilfe zweier Schalter

L ist dann „eingeschaltet", wenn A oder B „eingeschaltet" ist.

Man kann nun alle Schaltfunktionen mit Hilfe der Negation auf die Konjunktion und Disjunktion zurückführen. Dies sei für die Funktion

f_7 *(Antivalenz* oder *exklusives ODER)*

wegen ihrer Bedeutung gezeigt.

Exklusives ODER (ausschließendes ODER)

A	B	Y
0	0	0
0	1	1
1	0	1
1	1	0

Y ist „wahr" (1), wenn entweder A oder B aber nicht beide gleichzeitig „wahr" (1) sind. Mit anderen Worten:

Y ist dann und nur dann 1, wenn die Werte von A und B ungleich sind (Antivalenz).

$$A \neq B \quad \text{oder} \quad A = \bar{B}$$

Dies ist der Fall, wenn

$$A = 1 \text{ und } B = 0 \ldots A \wedge \bar{B}$$
$$\text{oder } A = 0 \text{ und } B = 1 \ldots \bar{A} \wedge B$$

ist. Die beiden Konjunktionen werden also disjunktiv verknüpft.

$$Y = (A \wedge \bar{B}) \vee (\bar{A} \wedge B).$$

Um die Schreibweise zu vereinfachen und die Übersichtlichkeit zu erhöhen, läßt man oft das Zeichen für die Konjunktion weg (ähnlich der Multiplikation).

$$Y = (A\bar{B}) \vee (\bar{A}B).$$

Wenn man vereinbart, daß die Konjunktion Priorität über die Disjunktion hat, kann man auch die Klammer weglassen.

$$Y = A\bar{B} \vee \bar{A}B.$$

Faßt man die Werte 0 und 1 als Zahlen auf, so entspricht das exklusive ODER der *Addition modulo 2*. Daher wird diese Funktion für die Addition im Dualsystem angewendet (Summenfunktion). Abb. 3.4 zeigt die Darstellung des exklusiven ODER mit Hilfe der Schalter A und B. Diese Schaltung ent-

spricht der Wechselschaltung eines Stromkreises; die Lampe L kann über beide Schalter A und B wechselweise ein-, bzw. ausgeschaltet werden.

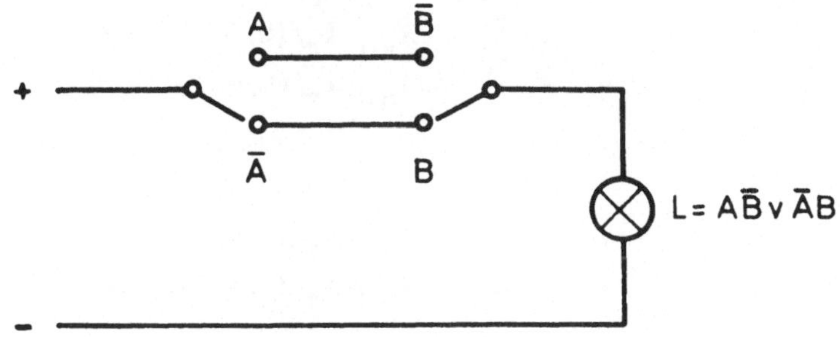

Abb. 3.4: Darstellung des exklusiven ODER mit Hilfe zweier Schalter

Logische Ausdrücke können jederzeit mit Hilfe der Wahrheitstafel überprüft
werden.

Beispiel: Exklusives ODER

A B	$A\bar{B}$	$\bar{A}B$	$A\bar{B} \vee \bar{A}B$
0 0	0	0	0
0 1	0	1	1
1 0	1	0	1
1 1	0	0	0

3.3 Boole'sches Normalform-Theorem

Satz: Jede Schaltfunktion $f(X_1, X_2, \ldots, X_n)$ läßt sich eindeutig durch einen Ausdruck aus k $(0 \leqslant k \leqslant 2^n)$ disjunktiv verknüpften n-stelligen Konjunktionen (*Mintermen*), die jede der n Variablen oder ihre Negation enthalten und
denen der Funktionswert 1 entsprechend der Wahrheitstafel zugeordnet ist,
darstellen. Dieser Ausdruck wird als *disjunktive kanonische Form* bezeichnet.

Es existieren genau 2^n verschiedene Minterme $X_1^{\alpha_1} \cdot X_2^{\alpha_2} \ldots X_i^{\alpha_i} \ldots X_n^{\alpha_n}$
entsprechend den 2^n Wertekombinationen $\alpha_1, \alpha_2, \ldots, \alpha_n$ $(\alpha_i = 0$ od. 1) der
Variablen $X_1, X_2, \ldots, X_n$, wobei $X_i^{\alpha_i} = X_i$ für $\alpha_i = 1$ und $X_i^{\alpha_i} = \bar{X}_i$ für
$\alpha_i = 0$ ist. Davon werden jene genommen, denen der Funktionswert 1 zugeord-
net ist $(f(\alpha_1, \alpha_2 \ldots \alpha_i, \ldots, \alpha_n) = 1)$.

Man erhält also den Ausdruck:

$$
\begin{aligned}
f(X_1, X_2, \ldots, X_n) = \ & \bar{X}_1\, \bar{X}_2 \ldots \bar{X}_{n-1}\, \bar{X}_n\, f(0, 0, \ldots, 0, 0) && m_1 \\
\vee \ & \bar{X}_1\, \bar{X}_2 \ldots \overline{X_{n-1}\, X_n}\, f(0, 0, \ldots, 0, 1) && m_2 \\
\vee \ & \bar{X}_1\, \bar{X}_2 \ldots X_{n-1}\, \bar{X}_n\, f(0, 0, \ldots, 1, 0) && m_3 \\
& \quad\quad \vdots \quad\quad\quad \vdots \\
\vee \ & X_1\, X_2 \ldots X_{n-1}\, \bar{X}_n\, f(1, 1, \ldots, 1, 0) && m_{2^n-1} \\
\vee \ & X_1\, X_2 \ldots X_{n-1}\, X_n\, f(1, 1, \ldots, 1, 1) && m_{2^n}
\end{aligned}
$$

Beispiel: Die Funktion $f(A, B, C) = AB \vee ABC \vee BC$ soll in der disjunktiv kanonischen Form dargestellt werden.

Wahrheitstafel

A B C	f (A, B, C)	Minterme
0 0 0	0	$\bar{A}\,\bar{B}\,\bar{C}$
0 0 1	0	$\bar{A}\,\bar{B}\,C$
0 1 0	0	$\bar{A}\,B\,\bar{C}$
0 1 1	1	$\bar{A}\,B\,C$
1 0 0	0	$A\,\bar{B}\,\bar{C}$
1 0 1	0	$A\,\bar{B}\,C$
1 1 0	1	$A\,B\,\bar{C}$
1 1 1	1	$A\,B\,C$

Es werden nun alle Minterme, deren Funktionswert 1 ist, disjunktiv verknüpft.

$$f(A, B, C) = \bar{A}BC \vee AB\bar{C} \vee ABC \ldots \text{disjunktiv kan. Form}$$

Obige Funktion kann aber auch als

$$f(A, B, C) = AB \vee BC \quad \text{dargestellt werden.}$$

Diese Darstellung wird als *disjunktive Normalform* bezeichnet.

Zum Unterschied zur disjunktiven kanonischen Form ist die Darstellung in der disjunktiven Normalform, in der nicht in jeder Konjunktion alle Variablen X_i auftreten müssen, *nicht* mehr eindeutig, weil es für dieselbe Funktion im allgemeinen mehrere Normalformen gibt.

Es lassen sich alle Schaltfunktionen auch in der konjunktiv kanonischen Form, (der Ausdruck besteht in diesem Fall aus konjunktiv verknüpften Disjunktionen (Maxtermen)) bzw. konjunktiven Normalform darstellen.

3.4 Rechenregeln der Schaltalgebra

Die Darstellung der Funktionen durch die Wahrheitstafel wird bei einer größeren Anzahl von Variablen zu mühselig. (Bei 5 Variablen gibt es z.B. bereits 32 Wertekombinationen).

Die Darstellung der Schaltfunktionen durch Ausdrücke bringt neben dem geringen Schreibaufwand auch den Vorteil, diese mit Hilfe von Rechenregeln vereinfachen zu können.

Für die Verknüpfung von Schaltvariablen gelten die folgenden Gesetze:

$$\overline{(\overline{X})} = X \qquad\qquad\qquad\qquad\qquad\qquad \text{Involutionsgesetz}$$

$$XX = X \qquad X \vee X = X \qquad \text{Idempotenzgesetz}$$

$$XY = YX \qquad X \vee Y = Y \vee X \qquad \text{Kommutativgesetz}$$

$$X(X \vee Y) = X \qquad X \vee XY = X \qquad \text{Absorptionsgesetz}$$

$$(XY)Z = X(YZ) \qquad (X \vee Y) \vee Z = X \vee (Y \vee Z) \qquad \text{Assoziativgesetz}$$

$$X(Y \vee Z) = XY \vee XZ \qquad X \vee YZ = (X \vee Y)(X \vee Z) \qquad \text{Distributivgesetz}$$

$$\overline{XY} = \overline{X} \vee \overline{Y} \qquad \overline{X \vee Y} = \overline{X}\,\overline{Y} \qquad \textit{De Morgan's}\text{ches Gesetz}$$

Ferner gilt:

$$X\overline{X} = 0 \qquad X \vee \overline{X} = 1$$
$$X0 = 0 \qquad X \vee 0 = X$$
$$X1 = X \qquad X \vee 1 = 1$$

Diese Gesetze lassen sich alle mit Hilfe der Wahrheitstafel leicht beweisen, indem man den Werteverlauf der rechts- und links vom Gleichheitszeichen stehenden Funktionen vergleicht.

Eine Menge von Elementen, die bezüglich der Konjunktion, Disjunktion und Negation die obenstehenden Gesetze erfüllt, heißt *Boole'scher Verband*.

Ohne Beweis sei hier angeführt, daß sich das *De Morgan's*che Gesetz verallgemeinern läßt:

$$\overline{X_1 X_2 X_3 \ldots X_n} = \overline{X}_1 \vee \overline{X}_2 \vee \overline{X}_3 \vee \ldots \vee \overline{X}_n$$

$$\overline{X_1 \vee X_2 \vee X_3 \vee \ldots \vee X_n} = \overline{X}_1 \overline{X}_2 \overline{X}_3 \ldots \overline{X}_n$$

Neben der UND und ODER-Funktion sind von den in der Tabelle 3.3 angeführten zweistelligen Funktionen noch

$$f_2 : NOR\text{-od.}\ PEIRCE\text{-}Funktion$$

und

$$f_8 : NAND\text{-od.}\ SCHEFFER\text{-}Funktion$$

von Bedeutung, weil man mit jeder dieser beiden jede beliebige Schaltfunktion darstellen kann.

A	B	NOR	NAND
0	0	1	1
0	1	0	1
1	0	0	1
1	1	0	0

NOR-Funktion:

Y ist dann und nur dann 1, wenn sowohl
$A = 0$, als auch $B = 0$ ist.

$$Y = \bar{A}\bar{B} = \overline{(A \vee B)} \ \ldots De\ Morgan\text{'sches Gesetz.}$$

Es handelt sich um eine ODER-Verknüpfung der Variablen A und B mit anschließender Negation. Daher auch der Ausdruck NOR (*Not OR*).

NAND-Funktion:

$$Y = \bar{A}\bar{B} \vee \bar{A}B \vee A\bar{B} \ \ldots \text{disjunktiv kan. Form}$$

$$= \bar{A}\ \underbrace{(\bar{B} \vee B)}_{1} \vee A\bar{B} = \bar{A} \vee A\bar{B} = \underbrace{(\bar{A} \vee A)}_{1} (\bar{A} \vee \bar{B}) \ \ldots \text{Distributivgesetz}$$

$$= \bar{A} \vee \bar{B} = \overline{AB} \ \ldots De\ Morgan\text{'sches Gesetz}$$

Es handelt sich also um eine UND-Verknüpfung mit anschließender Negation. Daher die Bezeichnung NAND (*Not AND*).

Man kann nun beweisen, daß alle Funktionen mit Hilfe der NOR-Verknüpfung dargestellt werden können. Da die gesamte Schaltalgebra durch UND, ODER und die Negation definiert ist, genügt es nachzuweisen, daß diese drei Funktionen mit Hilfe der NOR-Verknüpfung darstellbar sind.

Negation:

$$X = X \vee X \quad \text{Idempotenzgesetz}$$
$$\bar{X} = \overline{X \vee X} = X\,NOR\,X$$

oder

$$X = X \vee 0$$
$$\bar{X} = \overline{X \vee 0} = X\,NOR\,0$$

UND:

$$XY = \overline{(\bar{X} \vee \bar{Y})} \quad \textit{De Morgan's}\text{ches Gesetz}$$
$$= \bar{X}\,NOR\,\bar{Y} = (X\,NOR\,X)\,NOR\,(Y\,NOR\,Y)$$
$$= (X\,NOR\,0)\,NOR\,(Y\,NOR\,0)$$

ODER:

$$X \vee Y = \overline{\overline{(X \vee Y)}} \quad \text{Involutionsgesetz}$$
$$= \overline{X\,NOR\,Y} = (X\,NOR\,Y)\,NOR\,(X\,NOR\,Y)$$
$$= (X\,NOR\,Y)\,NOR\,0$$

Dies bedeutet, daß sämtliche logische Verknüpfungen in einer Rechenanlage mit nur einem Baustein (z.B. NOR-Gatter) realisiert werden können (siehe 4.1.1). Dasselbe gilt für die NAND-Verknüpfung.

3.5 Graphische Darstellung der Schaltfunktionen

Für die übersichtliche Darstellung in Schaltbildern werden für die Verknüpfungen die in Abb. 3.5 gezeigten Symbole verwendet. Abb. 3.6. zeigt ein Beispiel für die Anwendung der Schaltsymbole.

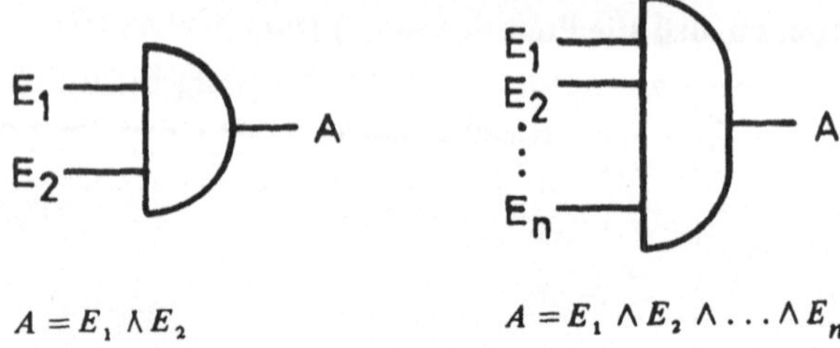

UND-Glied

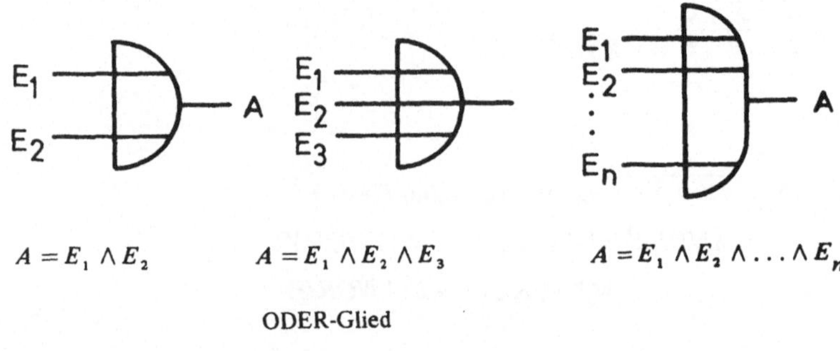

ODER-Glied

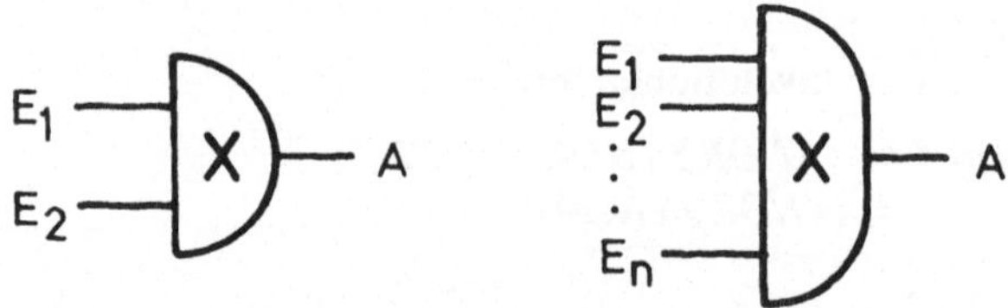

Allgemeines Verknüpfungsglied
X bezeichnet die Art der Verknüpfung

NICHT-Glied

Abb. 3.5: Schaltzeichen für digitale Verknüpfungsglieder nach DIN 40700.

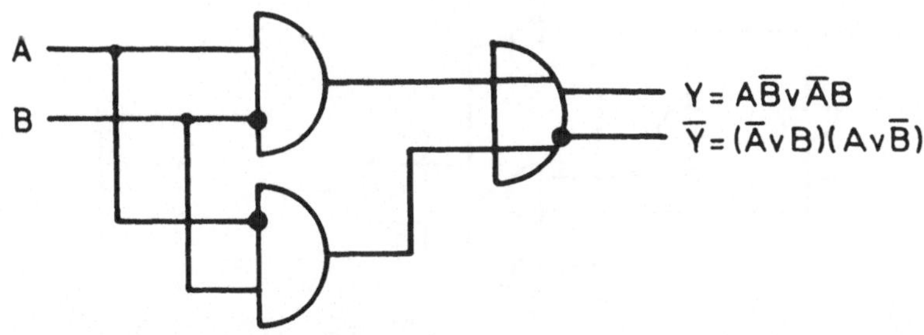

Abb. 3.6: Schaltbeispiel für Verknüpfungen

3.6 Minimisierung

Eine Funktion kann z.B. durch verschieden lange Ausdrücke in der disjunktiven Normalform dargestellt werden.

Ziel der Minimisierung ist im allgemeinen die Darstellung einer gegebenen Funktion durch einen möglichst einfachen und kurzen Ausdruck, wobei je nach den technologischen Eigenarten, Typen und Preisen der zu verwendenden Schaltelemente z.B. folgende Kriterien für die Einfachheit einer Schaltfunktion maßgebend sein können.

— Länge des Ausdrucks in Anzahl der Variablen-Zeichen.
— Anzahl der Verknüpfungsglieder.
— Anzahl der für die Realisierung des Ausdrucks notwendigen Bausteine eines bestimmten Typs (z.B. NOR-Gatter).

Wesentlich ist dabei die Minimisierung der *Gestehungskosten* für die Realisierung einer Schaltung.

Minimisierung durch Reduktion: Unter Anwendung der in 3.4 angeführten Gesetze der Schaltalgebra können Ausdrücke vereinfacht werden.

Beispiel: Der Ausdruck $\overline{A\overline{B} \vee \overline{A}B \vee \overline{A}\overline{B}}$ läßt sich wie folgt vereinfachen:

$$
\begin{aligned}
\overline{A}B \vee \overline{A}\overline{B} \quad &= \overline{A}\,(B \vee \overline{B}) \qquad && \text{Distributivgesetz} \\
&= \overline{A} \quad \text{da} \quad B \vee \overline{B} = 1 \text{ ist} \\
A\overline{B} \vee \overline{A} \quad &= (\overline{A} \vee A)\,(\overline{A} \vee \overline{B}) \qquad && \text{Distributivgesetz} \\
&= \overline{A} \vee \overline{B} \\
\overline{A\overline{B} \vee \overline{A}B \vee \overline{A}\overline{B}} \quad &= \overline{\overline{A} \vee \overline{B}} = AB \qquad && \textit{De Morgan}\text{'sches Gesetz}
\end{aligned}
$$

Der Unterschied am Schaltungsaufwand ist aus den Schaltbildern in Abb. 3.7 zu sehen.

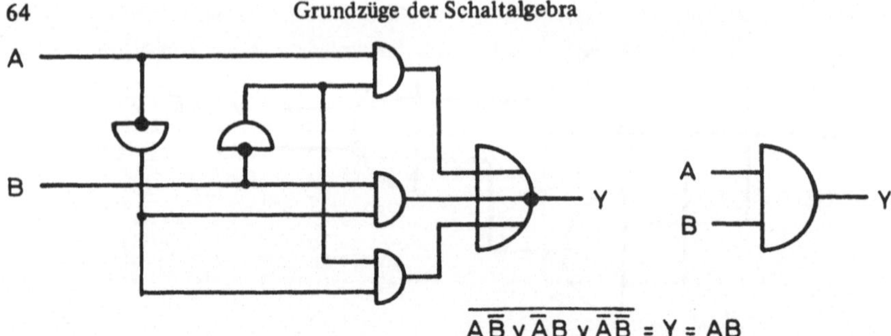

$$\overline{A\overline{B}} \vee \overline{A}B \vee \overline{A}\overline{B} = Y = AB$$

Abb. 3.7: Zwei verschiedene Schaltbilder (Ausdrücke) für dieselbe Funktion

Beispiel: Der Ausdruck $AB \vee ABC \vee BC$ läßt sich wie folgt vereinfachen:

$$AB \vee ABC = AB\,(1 \vee C) \qquad \text{Distributivgesetz}$$
$$= AB$$

$$AB \vee ABC \vee BC = AB \vee BC \qquad \text{Disjunktive Normalform}$$
$$= B\,(A \vee C) \qquad \text{Konjunktive Normalform}$$

Disjunktive Normalform   Konjunktive Normalform

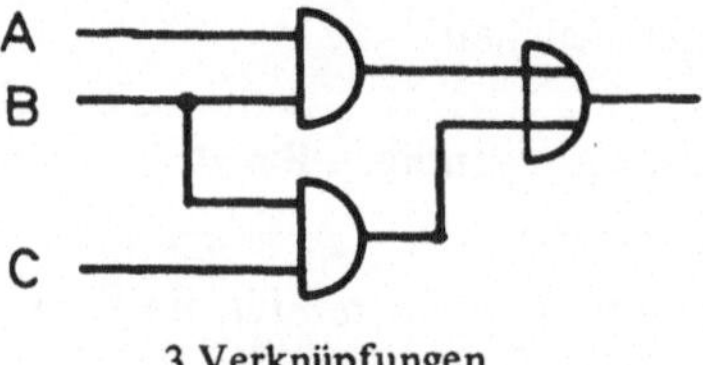

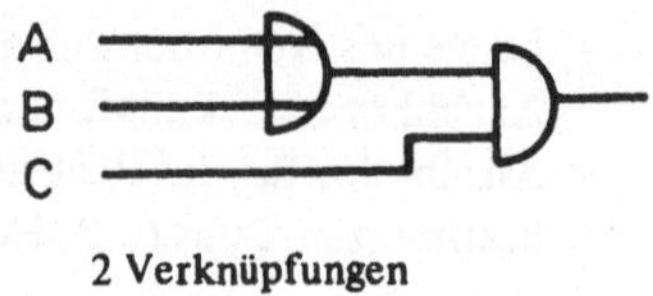

3 Verknüpfungen   2 Verknüpfungen

Abb. 3.8: Disjunktive und konjunktive Normalform für die Funktion AB ∨ BC

Dieses Verfahren setzt eine gewisse Erfahrung und Praxis voraus. Insbesondere ist es bei komplizierten Ausdrücken oft schwer zu erkennen, welche Terme sich zusammenfassen lassen. Es wurden deshalb Verfahren entwickelt, die eine systematische Minimisierung von Ausdrücken gestatten. Ein solches ist z.B. das *Verfahren von Quine-McCluskey*[1]).

Auch graphische Verfahren können zur Minimisierung eingesetzt werden, z.B. das Verfahren von *Karnough-Veitch,* das *Venn-Diagramm* oder der *Kreisgraph nach Händler*[1]).

---

[1]) Siehe Literaturverzeichnis

4. Schaltwerke und Schaltnetze

Die Realisierung von Schaltfunktionen heißen Schaltwerke bzw. Schaltnetze.

Schaltwerk (sequential circuit) Def. nach DIN 44300: Ein Schaltwerk ist eine Funktionseinheit zum Verarbeiten von Schaltvariablen, wobei der Wert an den Ausgängen zu einem bestimmten Zeitpunkt abhängt von den Werten an den Eingängen zu diesem und endlich vielen vorangegangenen Zeitpunkten (*endlicher Automat*) oder: Der Zustand an den Ausgängen zu einem bestimmten Zeitpunkt hängt ab vom *inneren Zustand* und den Werten an den Eingängen.

Ein Schaltwerk enthält demnach Speicherelemente.

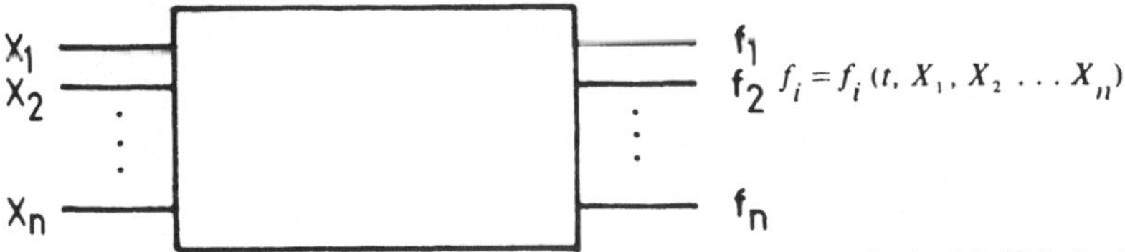

$$f_i = f_i(t, X_1, X_2 \ldots X_n)$$

t = endlich viele Zeitabschnitte

Abb. 4.1: Zur Definition eines Schaltwerkes

Schaltnetz oder Zuordner (combinatorial circuit): Ein Schaltnetz ist ein Sonderfall eines Schaltwerkes, bei dem die Werte an den Ausgängen zu irgendeinem Zeitpunkt nur von den Werten an den Eingängen zu diesem Zeitpunkt abhängen.

$$f_i = f_i(X_1, X_2, \ldots, X_n)$$

Schaltnetze enthalten keine Speicherelemente.

Die UND-, ODER-, NICHT-Glieder sind Schaltnetze, die auch *Verknüpfungsglieder* genannt werden.

Beispiel: Halbaddierer: Ein Schaltnetz für die Addition zweier Dualziffern A und B.

Funktionstafel

A	B	S	Ü
0	0	0	0
0	1	1	0
1	0	1	0
1	1	0	1

Abb. 4.2: Zur Definition des Halbaddierers; S = Summe, Ü = Übertrag

Zugehörige Schaltfunktionen:

$$S = A\bar{B} \vee \bar{A}B \ldots \text{exklusives ODER}$$
$$\ddot{U} = AB$$

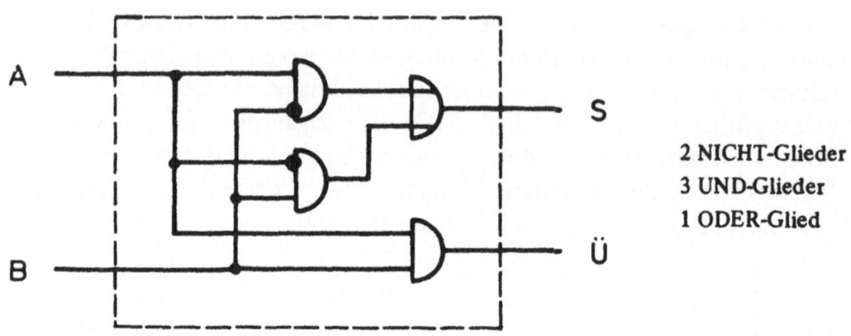

Abb. 4.3: Schaltbild des Halbaddierers

Dieses Schaltnetz läßt sich wie folgt vereinfachen:

Da AB für den Übertrag vorhanden ist, sollte die Summe so umgeformt werden, daß der Term AB in ihr vorkommt.

$$S \quad = A\bar{B} \vee \bar{A}B = A\bar{A} \vee A\bar{B} \vee \bar{A}B \vee B\bar{B}$$
$$A\bar{A} = B\bar{B} = 0$$

Aufgrund des Gesetzes $X \vee 0 = X$ kann man beliebig viele 0-Terme disjunktiv dazunehmen.

$$S = A\bar{A} \vee A\bar{B} \vee \bar{A}B \vee B\bar{B} \quad = A\,(\bar{A} \vee \bar{B}) \vee B\,(\bar{A} \vee \bar{B})$$
$$= (A \vee B)\,(\bar{A} \vee \bar{B})$$
$$= (A \vee B)\,\overline{(AB)} \quad \textit{De Morgan's}\text{che Gesetz f.}$$

$\bar{A} \vee \bar{B}$

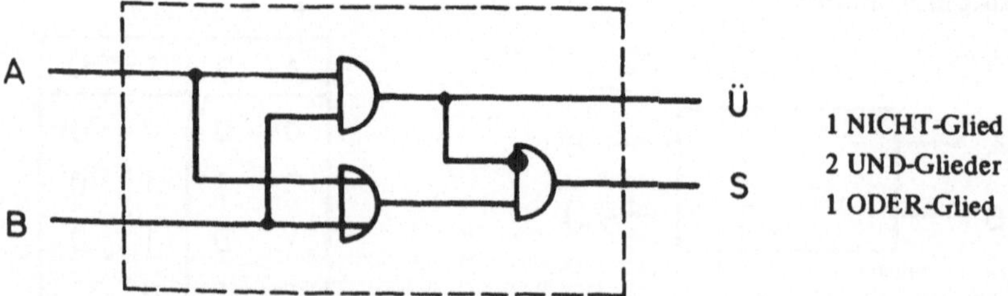

Abb. 4.4: Alternativschaltung für den Halbaddierer

Bei der Addition mehrerer Stellen muß aber neben den entsprechenden Ziffern der beiden Zahlen auch der Übertrag von der nächst kleineren Stelle berücksichtigt werden. Ein solches Schaltnetz muß also 3 Eingänge haben. Es wird *Volladdierer* genannt.

Beispiel: Realisierung des Volladdierers mit Hilfe zweier Halbaddierer

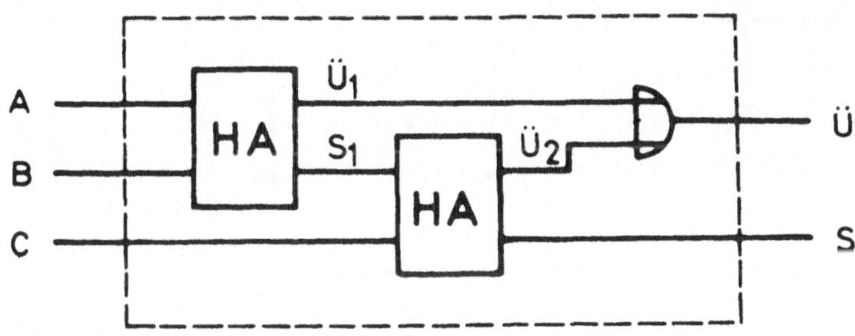

Abb. 4.5: Volladdierer

Die Summenbildung erfolgt in zwei Stufen

$$S_1 = A\bar{B} \vee \bar{A}B$$
$$S = S_1\bar{C} \vee \bar{S}_1 C$$

Ein entweder in HA_1 oder in HA_2 auftretender Übertrag wird über die ODER-Verknüpfung nach außen geführt.

$$\begin{aligned}
Ü &= Ü_1 \vee Ü_2 = AB \vee S_1 C = AB \vee A\bar{B}C \vee \bar{A}BC \\
&= A \underbrace{(B \vee \bar{B}C)}_{(B \vee C)} \vee \bar{A}BC \\
&= A (B \vee C) \vee \bar{A}BC = AB \vee AC \vee \bar{A}BC = AB \vee C \underbrace{(A \vee \bar{A}B)}_{A \vee B} \\
&= AB \vee AC \vee BC
\end{aligned}$$

Ein Übertrag $Ü$ ist also dann vorhanden, wenn mindestens 2 der Variablen A, B, C den Wert 1 haben.

Mit Hilfe solcher Halbaddierer und Volladdierer läßt sich nun auf einfache Weise ein Paralleladdierwerk für die Addition zweier n-stelliger Dualzahlen aufbauen.

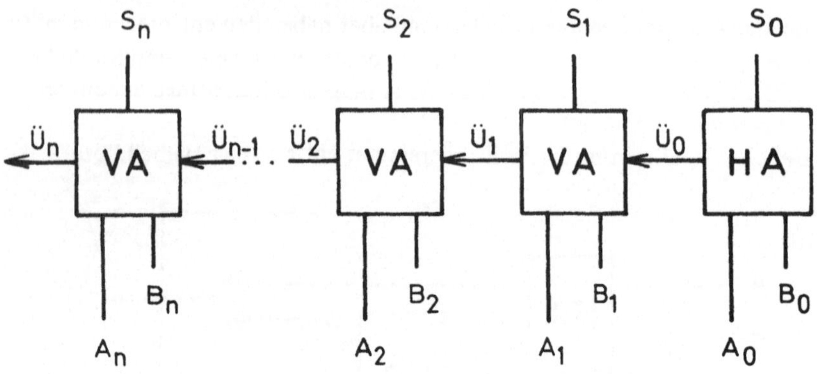

Abb. 4.6: Schaltnetz für die Addition zweier n-stelliger Zahlen

Anmerkung: Jedes Schaltglied (und somit auch der Volladdierer) hat eine endliche Schaltzeit. Ist z.B. die Schaltzeit für den Volladdierer Δt, so ist für das Paralleladdierwerk die gesamte Additionszeit maximal $t = n \cdot \Delta t$, da im Extremfall der Übertrag von rechts ($\ddot{U}_0$) nach links ($\ddot{U}_{n-1}$) „durchgezogen" werden muß.

4.1 Technische Realisierung von Schaltwerken

4.1.1 Gatter (gates)

Die technische Realisierung der UND-, ODER- und NICHT-Verknüpfung wird auch *Gatter* (*gate*) genannt. Es werden zu diesem Zweck die nichtlinearen Eigenschaften (Schalteigenschaften) der Halbleiter-Bauelemente (*Dioden, Transistoren*) ausgenützt. Folgende Schaltungen stellen nur einige Beispiele von vielen Möglichkeiten dar.

Den Werten 0 und 1 werden die Spannungen U_0 (z.B. 0V) bzw. U_1 (z.B. 6V) zugeordnet. Es gilt für alle Schaltbeispiele:

$$U_1 > U_0$$

UND-Gatter (AND-gate): Abb. 4.7 zeigt eine Schaltung mit Dioden.

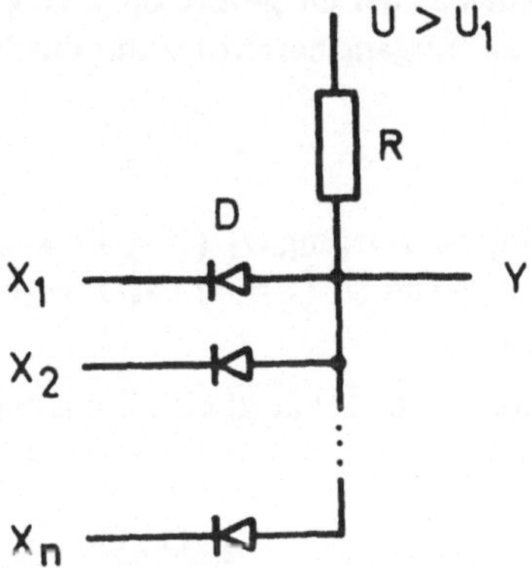

Abb.4.7: Diodenschaltung eines UND-Gatters; $\quad U_Y = \mathrm{Min}\,(U, U_{X_1}, U_{x_2}, \ldots, U_{X_n})$

Jene Diode, die an der kleinsten Spannung $U_{x_{min}}$ liegt, wird in der Durch-laßrichtung betrieben, alle anderen sind gesperrt. Unter der Voraussetzung, daß der Durchlaßwiderstand der Diode $R_D \ll R$ ist, ist die Spannung am Ausgang $U_Y \approx U_{x_{min}}$.

Da es nur die Spannungen U_0 und U_1 gibt, ist am Ausgang die Spannung U_0 $(Y = 0)$, wenn mindestens einer der Eingänge U_0 $(X_i = 0)$ hat.

Laut Definition entspricht dies der UND-Verknüpfung.

ODER-Gatter (OR-gate): Abb. 4.8 zeigt eine Schaltung mit Dioden.

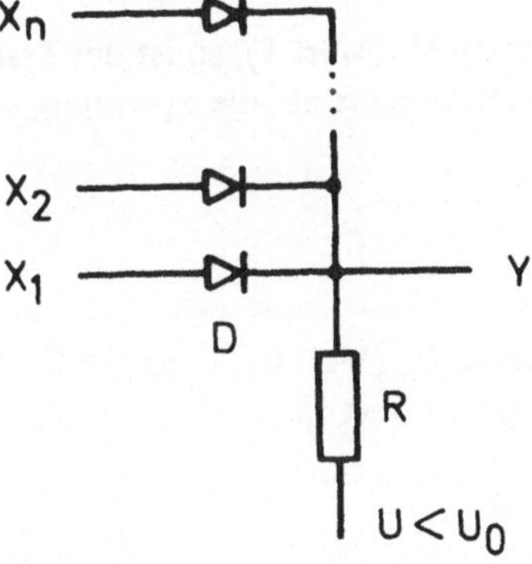

Abb. 4.8: Diodenschaltung eines ODER-Gatters; $U_Y = \mathrm{Max}\,(U, U_{x_1}, U_{x_2} \ldots U_{x_n})$

Im Gegensatz zum UND-Gatter wird beim ODER-Gatter jene Diode in der Durchlaßrichtung betrieben an der die größte Spannung $U_{x_{max}}$ liegt, alle anderen sind gesperrt. Am Ausgang herrscht somit die Spannung

$$U_Y = U_{x_{max}}.$$

Daher ist die Spannung am Ausgang U_1 ($Y = 1$), wenn mindestens einer der Eingänge eine Spannung von U_1 ($x = 1$) hat. Dies entspricht laut Definition der ODER-Verknüpfung.

NICHT-Glied (Inverter): Abb. 4.9 zeigt eine Schaltung mit einem *n-p-n*-Transistor.

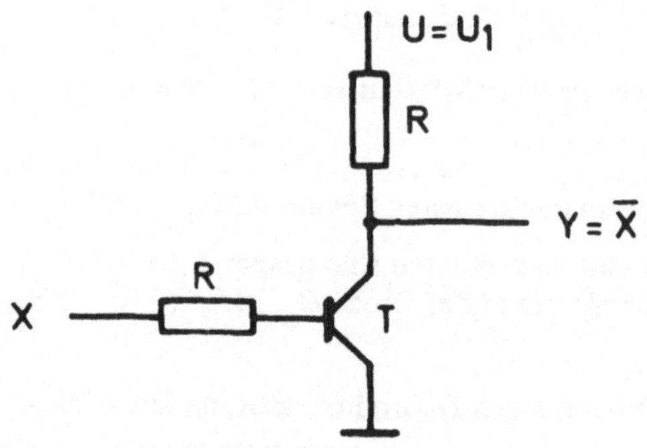

Durchlaßwiderstand des Transistors $R_T \ll R$.

Abb. 4.9: Transistorschaltung eines Inverters

Liegt an X die Spannung U_1 (Wert 1), so ist der Transistor leitend, die ganze Spannung fällt am Widerstand R ab, die Spannung am Ausgang Y ist U_0 (Wert 0).

$$Y = 0, \text{ wenn } X = 1$$

Liegt an X die Spannung U_0 (Wert 0), so ist der Transistor gesperrt, an Y liegt die ganze Spannung U_1 (Wert 1).

$$Y = 1, \text{ wenn } X = 0$$

Daraus folgt: $Y = \bar{X}$ ... Negation

NOR-Gatter (NOR-gate): In Abb. 4.10 ist eine Schaltung eines NOR-Gatters mit Hilfe von *n-p-n*-Transistoren angegeben.

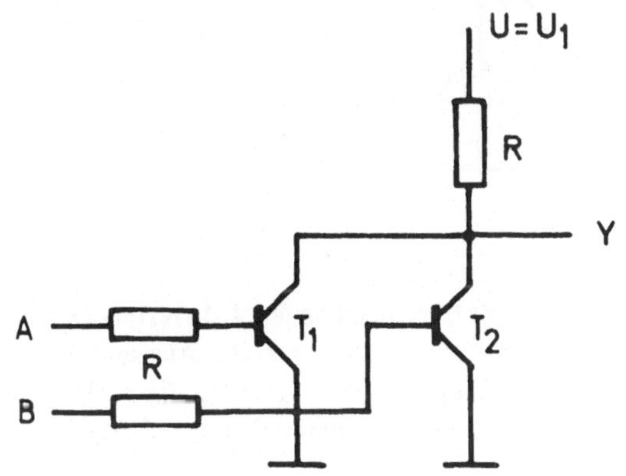

Abb. 4.10 Transistorschaltung eines NOR-Gatters

Falls einer der Transistoren T_1 oder T_2 leitet ($A = 1$ od. $B = 1$), ist $Y = 0$

$$Y = \bar{A} \cdot \bar{B} = \overline{(A \vee B)}.$$

Diese Funktion entspricht einem ODER mit anschließender Negation, einer NOR-Verknüpfung.

Wie bereits in 3.4 erwähnt, lassen sich alle Schaltfunktionen mit Hilfe von NOR-Gattern realisieren. Dasselbe gilt für das *NAND-Gatter*.

4.1.2 Speicherelemente (storage elements)

Zur Speicherung von binären Schaltvariablen benötigt man Systeme, die zwei stabile Zustände besitzen, d.h. in einem angenommenen Zustand solange verbleiben, bis sie durch einen von außen kommenden Anlaß (z.B. Impuls) in den anderen stabilen Zustand umgeschaltet werden. Die Realisierung solcher Systeme erfolgt in erster Linie durch elektronische Schaltkreise (*Flip-Flop*) und durch magnetische Systeme (z.B. Magnetkernspeicher).

4.1.2.1 *Flip-Flop* (Bistabiler Multivibrator)

Das Flip-Flop besteht im wesentlichen aus zwei Invertern, wobei der Ausgang des ersten Inverters an den Eingang des zweiten, und der Ausgang des zweiten Inverters an den Eingang des ersten geschaltet ist.

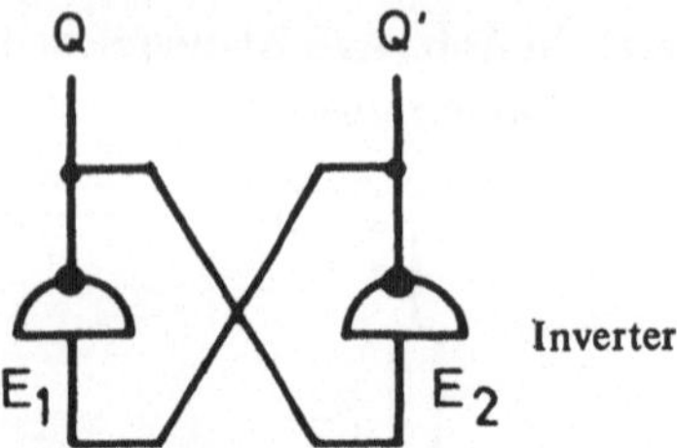

Abb. 4.11: Prinzipschaltung eines Flip-Flops

Ist z.B. zu einem bestimmten Zeitpunkt der Ausgang des 1. Inverters $Q = 1$, so ist damit auch der Eingang des zweiten Inverters $E_2 = 1$, der Ausgang des zweiten Inverters $Q' = 0$, somit auch der Eingang des 1. Inverters $E_1 = 0$, wodurch der Ausgang Q im Zustand 1 bleibt (stabiler Zustand). Formal ergibt sich aus der Schaltung:

$$Q = \bar{Q}' \text{ bzw. } Q' = \bar{Q}$$

d.h. Q und Q' sind invers zueinander. Die Zustände des Flip-Flops werden wie folgt definiert:

Zustand 1, wenn $Q = 1$ und $Q' = 0$
Zustand 0, wenn $Q = 0$ und $Q' = 1$

Um das Flip-Flop von außen umschalten zu können, erfolgt die Rückkopplung an den Eingang über eine ODER-Verknüpfung. An die Stelle zweier Inverter treten zwei NOR-Gatter (siehe Abb. 4.12).

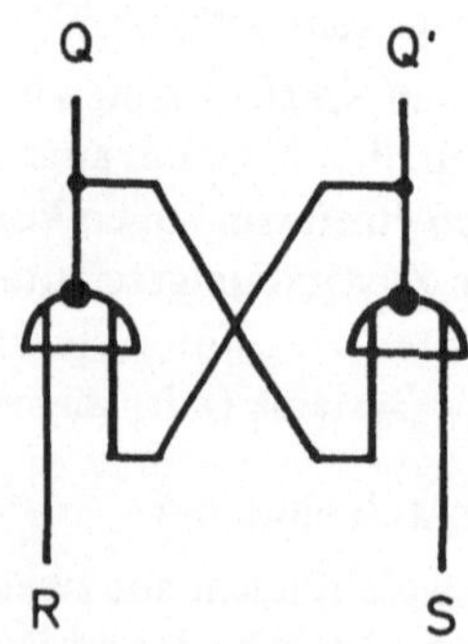

Abb. 4.12 RS-Flip-Flop

Aus der Schaltung lassen sich die Funktionen für Q und Q' ableiten:

$$Q = \overline{R \vee Q'} = \overline{R \vee \overline{(S \vee Q)}} = \bar{R}\,(S \vee Q)$$

$$Q' = \overline{S \vee Q} = \overline{S \vee \overline{(R \vee Q')}} = \bar{S}\,(R \vee Q')$$

Auch hier ist nach Einlangen neuer Werte an S und R zum Zeitpunkt t_n der neue Wert an Q bzw. Q' durch die Schaltverzögerung Δt der elektronischen Bauteile erst zum Zeitpunkt

$$t_{n+1} = t_n + \Delta t$$

definiert.

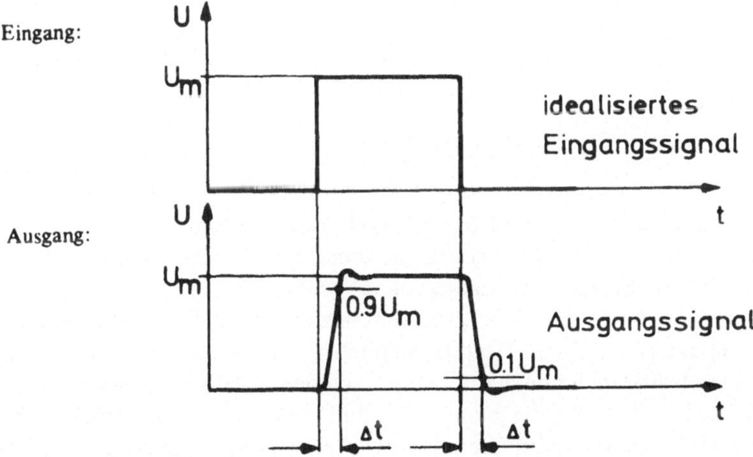

Abb. 4.13: Definition der Schaltzeit

Die Schaltzeit Δt und damit die obere Grenze der Taktfrequenz wird durch die Technologie der Schaltwerke bestimmt (Schaltungskapazitäten, Leitungslängen usw.). Das Zeitintervall zwischen zwei Schaltvorgängen muß mindestens Δt sein.

$$t_{n+1} - t_n \geqslant \Delta t$$

Aus den Funktionen

$$Q_{n+1} = \bar{R}_n \, (S_n \vee Q_n) \text{ und}$$

$$Q'_{n+1} = \bar{S}_n \, (R \vee Q'_n)$$

läßt sich die Wahrheitstafel ableiten:

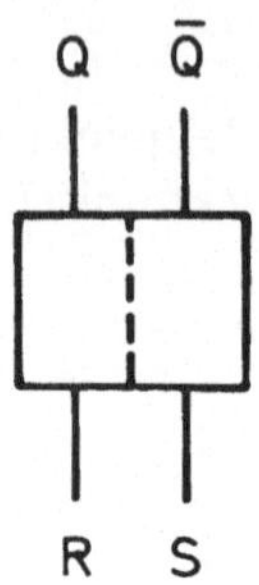

R_n	S_n	Q_{n+1}	$\overline{Q}_{n+1}$
0	0	Q_n	$\overline{Q}_n$
0	1	1	0
1	0	0	1
1	1	(0) undef.	(0)

Abb. 4.14: Symbol und Wahrheitstafel für das R-S-Flip-Flop

Das Flip-Flop wird auf „1“ gesetzt, wenn $S = 1$ ist und auf „0“ gesetzt, wenn $R = 1$ ist.

    S ... Setzen (set)

    R ... Rücksetzen (reset)

Dieses Flip-Flop wird deshalb auch als *R-S-Flip-Flop* bezeichnet. Für den Fall, daß sowohl $R = 0$, als auch $S = 0$ sind, ändert sich nichts am Zustand des Flip-Flops. Daraus folgt, daß für das Umschalten in den entgegengesetzten Zustand ein Signal in der Länge von Δt genügt.

Q' ist invers zu Q, d.h. $Q' = \overline{Q}$, ausgenommen für den Fall, daß sowohl $S = 1$, als auch $R = 1$ sind. Dann ist nämlich $Q = Q' = 0$. Da beim gleichzeitigen Verschwinden der beiden Werte je nach den Schaltgeschwindigkeiten der elektronischen Bauteile, die ja nie gleich sind, beide Zustände eintreten können, gilt bei der Eingangskombintaion $S = 1$ und $R = 1$ der Zustand des Flip-Flop als undefiniert.

Das Flip-Flop ist durchaus mit einem Kippschalter, der ebenfalls zwei stabile Zustände hat (Ein/Aus) und der durch einen mechanischen Impuls (händisch) umgeschaltet wird, vergleichbar.

Da das Flip-Flop nach Verschwinden der Signale im geschalteten Zustand verbleibt, kann es zur Speicherung von binären Informationen verwendet werden. Es ist ein Schaltwerk gemäß der Definition nach DIN 44300.

Abb. 4.15 zeigt eine Transistorschaltung mit 4 Transistoren. Es handelt sich um zwei NOR-Gatter (siehe Abb. 4.10), die über R_5 und R_6 zusammengeschaltet sind.

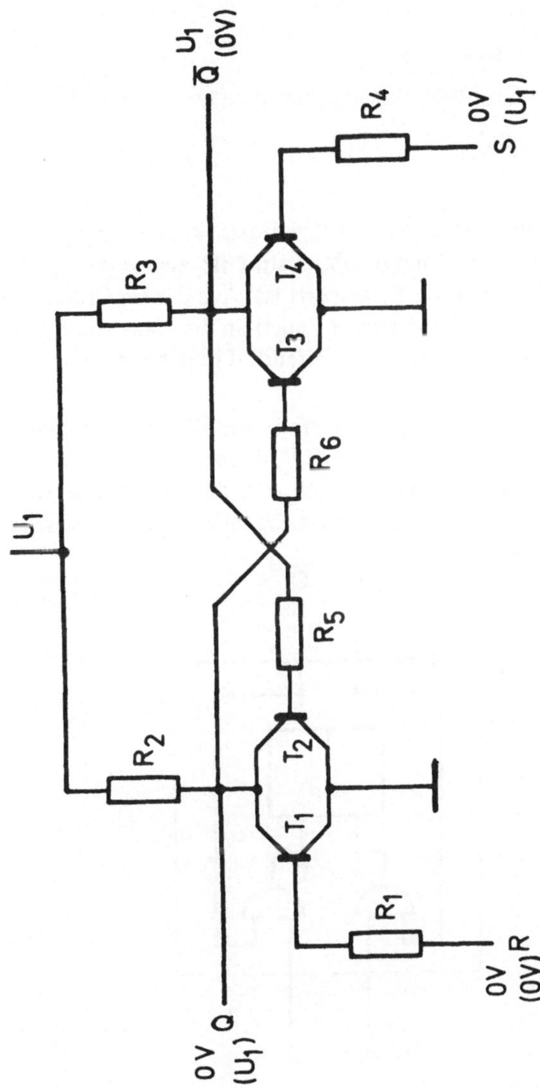

Abb. 4.15: Flip-Flop-Schaltung mit n-p-n Transistoren

Anhand dieser Schaltung sei im folgenden die Funktionsweise rein schaltungstechnisch erkärt:

0 entspricht 0V

1 entspricht U_1 (z.B. 6V)

Es wird folgende Grundstellung angenommen (Werte ohne Klammer):

$$R = 0V \quad Q = 0V$$
$$S = 0V \quad \bar{Q} = U_1$$

T_1 und T_4 sind wegen $S = 0$ und $R = 0$ gesperrt (kein Strom). Da $Q = 0$ ist, muß T_2 leitend sein[1]); an Q liegen 0V. Damit ist aber über R_6 die Basis von T_3 ebenfalls 0V, wodurch T_3 gesperrt ist. Aus diesem Grund ist R_3 stromlos und die Spannung an $\bar{Q}$ und über R_5 auch an der Basis von T_2 daher U_1. Dadurch ist, wie eingangs erwähnt, T_2 leitend, d.h. das System in einem stabilen Zustand.

Gelangt an S ein positives Signal (Werte in der Klammer), so wird der Transistor T_4 leitend, die Spannung an $\bar{Q} = 0$ V, daher wird T_2 gesperrt, wodurch an Q die Spannung auf U_1 steigt. Dadurch wird aber T_3 leitend, so daß der Zustand verbleibt, auch wenn das positive Signal an S wieder verschwindet.

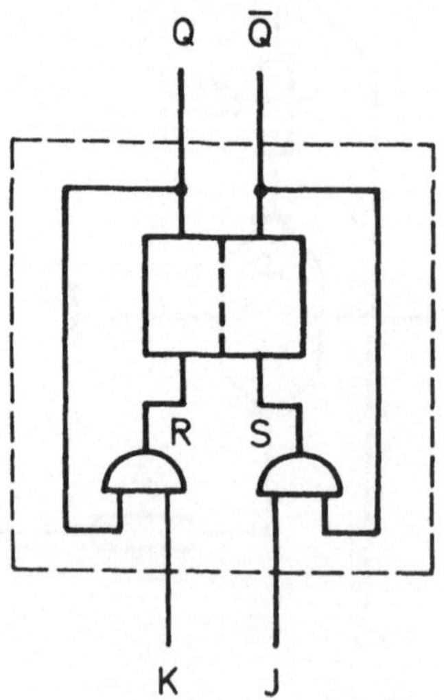

Abb. 4.16: J-K-Flip-Flop

---

[1]) Der Innenwiderstand von T_2 ist vernachlässigbar klein gegen R_2, daher fällt an R_2 die ganze Spannung ab, wodurch Q spannungslos ist (0V).

Erst wenn an R ein positives Signal gelangt, wird das Flip-Flop wieder umgeschaltet. Gelangt an R und S gleichzeitig ein Signal, so sind beide Ausgänge 0, beim gleichzeitigen Verschwinden der Signale ist der Zustand undefiniert; da es darauf ankommt, welcher Transistor schneller schaltet.

Das gleichzeitige Auftreten von „1" an den Eingängen kann man durch Vorschalten geeigneter Verknüpfungsnetzwerke verhindern. Beim J-K-Flip-Flop ist dieses Netzwerk bereits eingebaut (Abb. 4.16). Durch die UND-Verknüpfung der Eingänge K bzw. J mit den zueinander inversen Ausgängen Q bzw. $\bar{Q}$ wird das gleichzeitige Auftreten von 1 an S und R verhindert.

Aus dem R-S-Flip-Flop läßt sich folgende Funktion ableiten:

$$Q_{n+1} = \bar{R}_n \, (S_n \vee Q_n) = \overline{K_n Q_n} \, \underbrace{(J_n \, Q_n \vee Q_n)}_{J_n \vee Q_n} = (\bar{K}_n \vee \bar{Q}_n)(J_n \vee Q_n)$$

$$= \bar{K}_n Q_n \vee J_n \bar{K}_n \vee J_n \bar{Q}_n = \bar{K}_n Q_n \vee J_n \bar{Q}_n$$

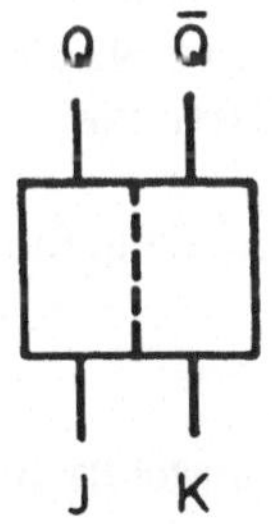

J_n	K_n	Q_{n+1}	$\bar{Q}_{n+1}$
0	0	Q_n	$\bar{Q}_n$
0	1	0	1
1	0	1	0
1	1	$\bar{Q}_n$	Q_n

Abb. 4.17: Symbol und Wahrheitstafel für das J-K-Flip-Flop

Der Unterschied zum R - S - Flip-Flop besteht darin, daß im Falle $J = 1$ und $K = 1$ die Ausgänge invertiert werden.

Heute werden jedoch überwiegend *taktgesteuerte* Flip-Flops verwendet, bei denen die Umschaltung in den neuen, durch die Eingangskombination bestimmten Zustand nur im Taktzeitpunkt, d.h. im Augenblick des Eintreffens eines *Taktimpulses* T_n aus einem *Taktgeber*, erfolgt. Dies hat den Vorteil, daß alle Vorgänge in einem System synchronisiert werden können, die Schaltzeitpunkte sind genau definiert.

$$Q_{n+1} = T_n\,(\bar{Q}_n J_n \vee Q_n \bar{K}_n)\qquad\qquad Q_{n+1} = T_n\,(S_n \vee Q_n)\bar{R}_n$$

Abb. 4.18: Symbole und Funktionen für taktgesteuerte J-K und R-S-Flip-Flops

Es gibt noch die verschiedensten Varianten von Flip-Flops, auf die aber hier nicht näher eingegangen werden soll.

Mit Hilfe der *integrierten Halbleitertechnik* werden heutzutage komplette Flip-Flops auf einem Halbleitermaterial auflegiert. Es können dadurch viele binäre Speicherlemente auf kleinstem Raum untergebracht werden.

So ist es bereits möglich, durch die Herstellung der *Schaltkreis-Masken* mit Hilfe eines magnetisch abgelenkten Elektronenstrahls, eine Dichte von 775000 Bits pro Quadratzentimeter zu erreichen. Ein Block von 8192 Bits hat nur mehr eine Größe von $1,1 \times 1,6\ mm^2$ bei einer Zugriffszeit von ca. 10^{-7} sek.

Fällt beim Flip-Flop-Speicher die Energiezufuhr aus, so geht die in ihm gespeicherte Information verloren.

4.1.2.2 *Magnetkernspeicher* (magnetic core memory)

Die Speicherelemente sind *Ferritringe (Magnetkerne)*. Das magnetische Verhalten des Materials zeigt Abb. 4.19.

Da der Kern auch bei Abwesenheit einer Feldstärke H (kein Strom) die Zustände B_R oder $-B_R$ beibehält, bildet er ein bistabiles Element, das es erlaubt, ohne Energiezufuhr seine Information längere Zeit hindurch zu speichern, was beim Flip-Flop nicht der Fall ist.

Der Zusammenhang zwischen Feldstärke H und Strom I ergibt sich aus:

$$H = K \cdot I$$

Sobald die Magnetisierung über den Knick E oder $-E$ hinausgeht, genügt eine kleine zusätzliche Feldstärke, um den Kern in den inversen Zustand umzuschal-

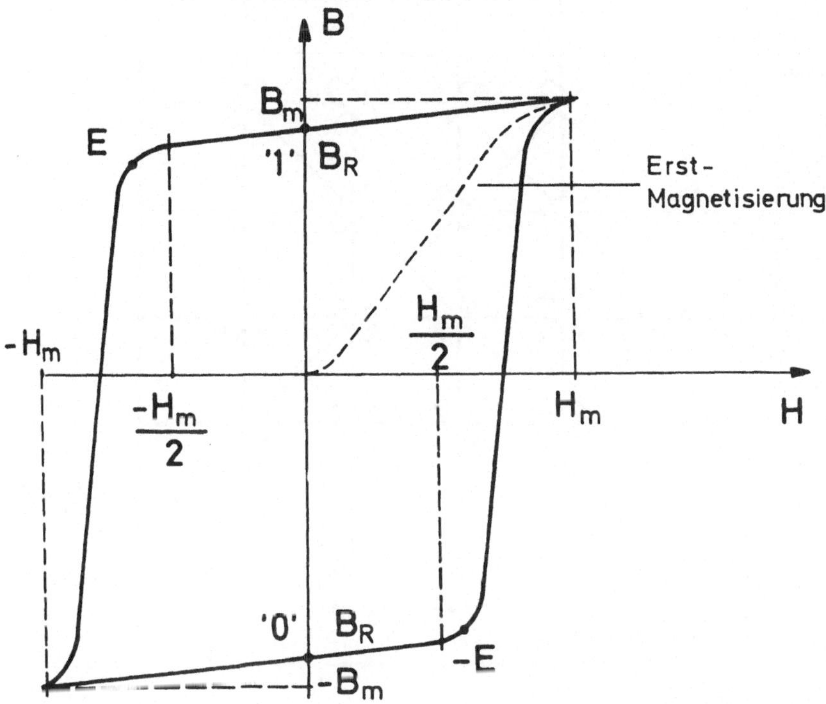

Abb. 4.19: Magnetisches Verhalten eines Ferritkerns

ten. Insgesamt ist die Feldstärke H_m bzw. $-H_m$ notwendig, um den Zustand zu ändern.

Um den Schaltungsaufwand für die Ansteuerung der Magnetkerne klein zu halten, sind mehrere Kerne in einer Matrix angeordnet. Es wird dann beim Schreibvorgang nicht durch H_m, sondern durch

$$\frac{H_m}{2} \text{ im } X\text{-Draht und } \frac{H_m}{2} \text{ im } Y\text{-Draht}$$

umgeschaltet (siehe Abb. 4.20).

Die Auswahl eines bestimmten Kerns (Adresse) erfolgt durch die Auswahl des entsprechenden X- u. Y-Drahtes.

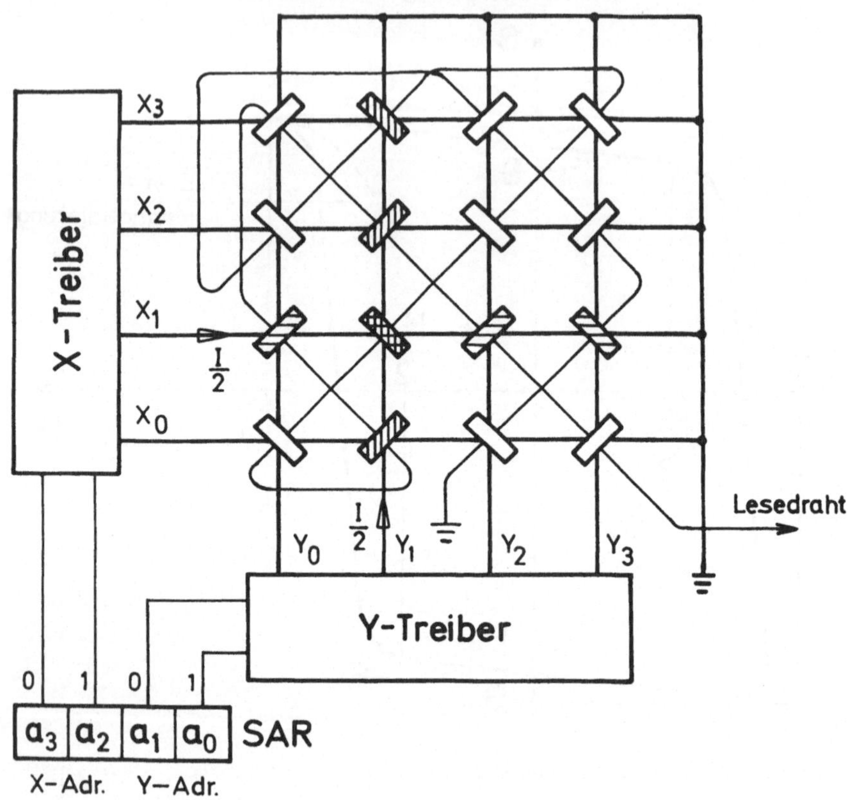

Abb. 4.20: Speichermatrix; SAR = Speicher-Adreß-Register

Die n-stellige Adresse der 2^n Magnetkerne ist in zwei Teile geteilt, der x-Adresse und der y-Adresse. Die Treiber dienen der Zuordnung der x- bzw. y-Adresse zu einem der $2^{(n/2)}$ Schreibdrähte und zur Generierung des notwendigen Schreibstromimpulses $\pm \dfrac{Im}{2}$ in diesem Draht.

Je nach Magnetisierungsrichtung wird dem momentanen Zustand des Magnetkerns der Wert 0 oder 1 zugeordnet.

Das „Lesen" der Information erfolgt durch Schreiben z.B. einer 1. War der Kern im Zustand 0, so erfolgt durch das Schreiben der 1 eine Ummagnetisierung, wodurch im Lesedraht, der durch alle Kerne gezogen ist, ein Spannungsimpuls

$$U = k \, \frac{dB}{dt}$$

induziert wird. War der Kern im Zustand 1, so erfolgt keine Ummagnetisierung, es wird keine Spannung induziert.

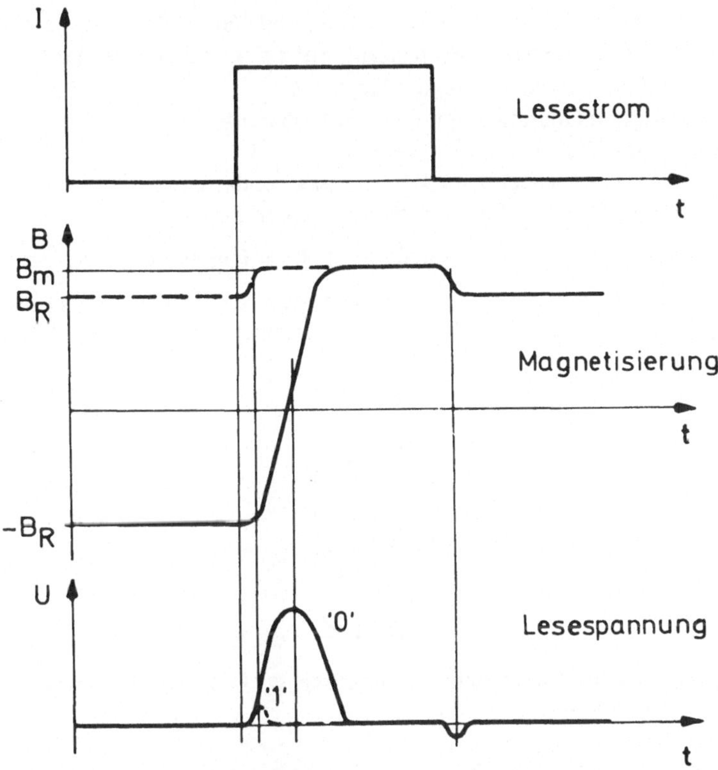

Abb. 4.21: „Lesen" eines Kernspeichers

Durch dieses Schreiben einer „0" beim Lesevorgang wird die gespeicherte Information zerstört (destruktives Lesen). Es muß daher diese Information (0 oder 1) wieder „eingeschrieben" werden. Die Zeit für das „Lesen" und anschließende „Wiedereinschreiben" der Information wird als *„Zykluszeit"* (cycle time) bezeichnet. Man spricht daher von einem *Lese/Schreibzyklus.*

4.2 Register und Zählwerke

Die bisher besprochenen Verknüpfungsglieder und Speicherelemente bilden die Grundbausteine der digitalen Rechenanlagen. Mit ihrer Hilfe werden funktionelle Einheiten, die ihrerseits wiederum zu übergeordneten Einheiten zusammengefaßt werden, aufgebaut.

Register: Ein n-stelliges Register besteht aus n Speicherelementen (z.B. Flip-Flops), die je nach Verwendungszweck untereinander verschieden verknüpft sein können.

Register werden zur Zwischenspeicherung und Verarbeitung von Information verwendet. Die Länge (Stellenanzahl) entspricht dabei meist der *Wortlänge* (Anzahl der Bits pro Wort) der Maschine.

Die wichtigsten Operationen mit einem Register sind:

Löschen: Alle Stellen werden 0 gesetzt

$$0 \rightarrow (A)$$ wobei A die Bezeichnung für das Register ist

Dies wird durch $J_i = 0$ und $K_i = 1$ für alle Stellen erreicht.

Einsfunktion: $1 \rightarrow (A)$ wird durch $J_i = 1$, $K_i = 0$ erreicht.

Zum Löschen und Eins-Setzen ist jedoch meist ein eigener Impuls-Eingang in das Flip-Flop vorgesehen; z.B. L-Eingang (Löschen) und S-Eingang (Setzen).

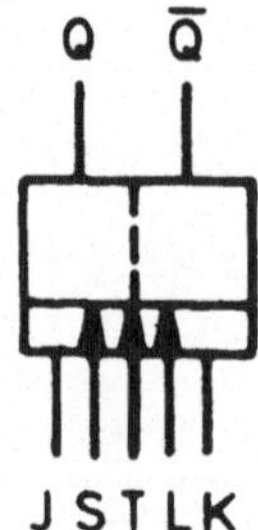

Abb. 4.22: Taktgesteuertes J-K-Flip-Flop mit getrennten Eingängen für „Löschen"
und „Setzen"

Negation (Invertierung):

$$\bar{a}_i \rightarrow a_i$$
wird durch

$$J_i = 1$$
und

$$K_i = 1$$

erreicht.

Verschieben, *Schift* (shift): Alle Stellen eines Registers werden verschoben. Die Ausgänge eines Flip-Flops sind mit den Eingängen des nächsten in der Schiftrichtung liegenden Flip-Flops verbunden.

Rechtsschift

$$a_{i+1} \rightarrow a_i$$
$$J_i = Q_{i+1}$$
$$K_i = \bar{Q}_{i+1}$$

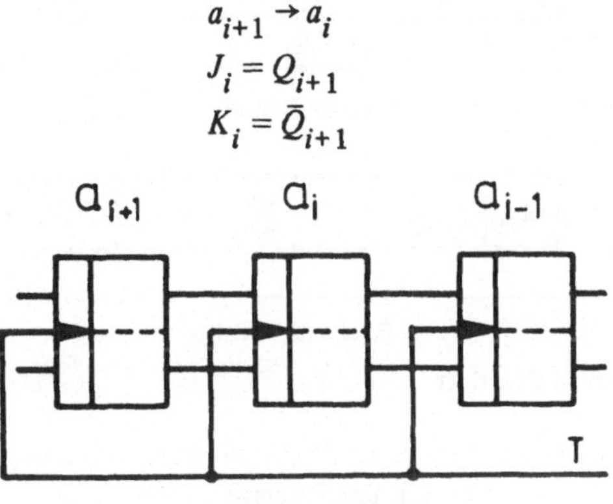

Rechtsschift

Linksschift

$$a_{i-1} \rightarrow a_i$$
$$J_i = Q_{i-1}$$
$$K_i = \bar{Q}_{i-1}$$

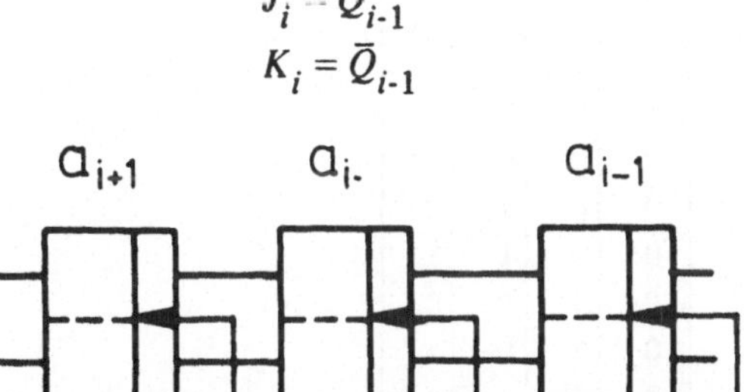

Linksschift

Abb. 4.23: Schift-Operationen in Registern

Jeder einlangende Taktimpuls T bewirkt eine Verschiebung der Informationen um eine Stelle.

Ringschift: Die Schaltung entspricht der eines Links- bzw. Rechtsschifts; es müssen hier zusätzlich die Ausgänge des Flip-Flops an einem Ende mit den Einigungen des Flip-Flops am anderen Ende verbunden sein.

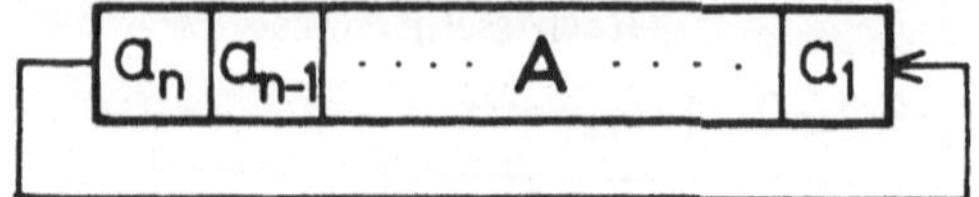

Ringschift links

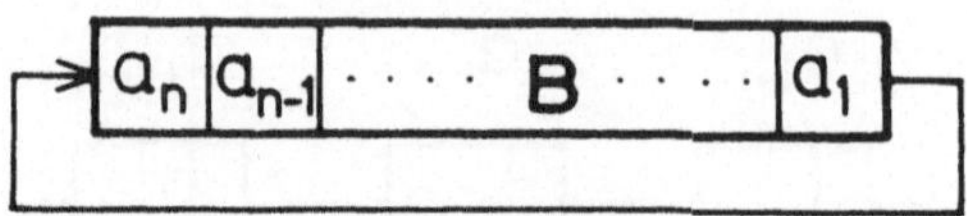

Ringschift rechts

Abb. 4.24: Ringschift in Registern

Dualzähler: Ein Dualzähler ist ein Register, dessen Elemente durch Netz-
werke so verknüpft sind, daß sich der Registerinhalt beim Eintreffen eines
Zählimpulses jeweils um 1 erhöht (Aufzählen), bzw. um 1 erniedrigt (Abzählen).

Aus Tabelle 4.1 ist das Verhalten eines 4-stelligen Dualzählers (Aufzählen)
zu ersehen:

Zähl impuls	Z_4	Z_3	Z_2	Z_1
0	0	0	0	0
1	0	0	0	1
2	0	0	1	0
3	0	0	1	1
4	0	1	0	0
5	0	1	0	1
6	0	1	1	0
7	0	1	1	1
8	1	0	0	0
9	1	0	0	1
10	1	0	1	0
11	1	0	1	1
12	1	1	0	0
13	1	1	0	1
14	1	1	1	0
15	1	1	1	1
16	0	0	0	0

Tab. 4.1: Dualzähler

Aus der Wahrheitstafel (Tab. 4.1) ist folgende Gesetzmäßigkeit zu erkennen:
Die Stelle Z_i ($i \neq 1$) muß invertiert werden, wenn alle vorhergehenden Stellen $Z_1, Z_2, \ldots, Z_{i-1}$ im Zustand 1 sind. Z_1 wird bei jedem Zählimpuls invertiert.

Für die i-te Stelle ergibt sich daher folgende Eingangsbedingung:

$$J_i = K_i = Q_{i-1} \cdot Q_{i-2} \ldots Q_2 \cdot Q_1 \quad (i \neq 1)$$

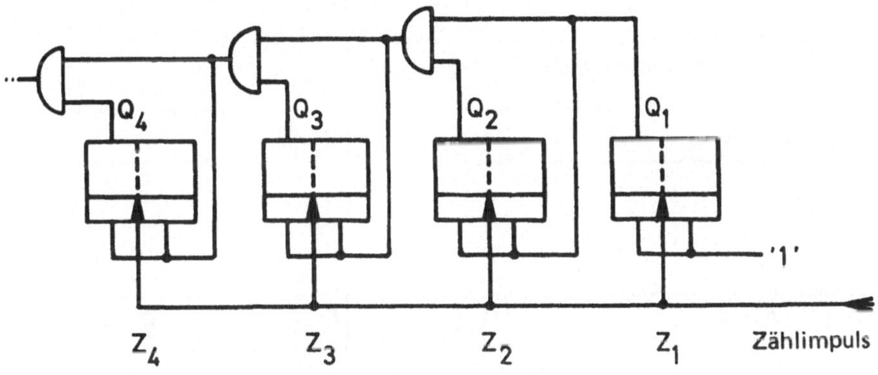

Abb. 4.25: Funktionsweise eines Dualzählers

Transportfunktionen mit Registern: Ähnlich wie beim Verschieben einer Information innerhalb eines Registers kann auch Information von einem Register zum anderen transportiert werden.

Paralleltransport: $(A) \rightarrow (B)$
Die Ausgänge von a_i sind mit den Eingängen von b_i verbunden.

$$J_{b_i} = Q_{a_i}$$
$$K_{b_i} = \bar{Q}_{a_i}$$

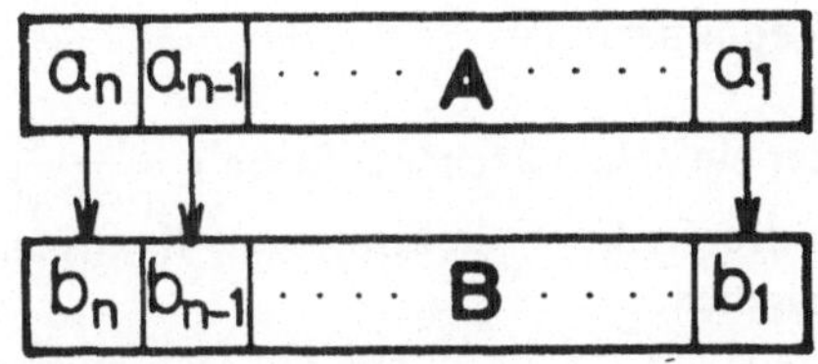

Abb. 4.26: Paralleltransport zwischen 2 Registern.

Serientransport: $(A) \rightarrow (B)$. Verbindungen wie beim Rechtsschift in A u. B, zusätzlich sind die Ausgänge von a_1 mit den Eingängen von b_n verbunden.

$$J_{b_n} = Q_{a_1}$$

$$K_{b_n} = \bar{Q}_{a_1}$$

Serientransport $(A) \rightarrow (B)$ *mit Ringschift* in A; $(A) \rightarrow (A)$ (Kopieren). Verbindungen wie beim Serientransport; es sind zusätzlich die Ausgänge von a_1 mit den Eingängen von a_n verbunden. Ringschift rechts in A, wodurch die Information im A-Register erhalten bleibt.

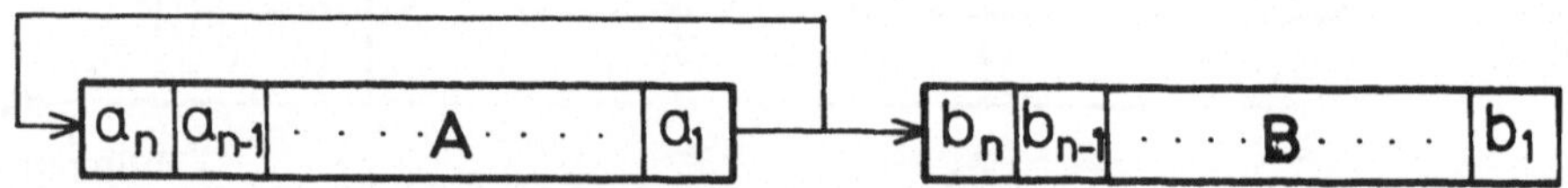

Abb. 4.27: Serientransport und Kopieren von Registerinhalten

Es können beliebige Verknüpfungen $\otimes$ der Inhalte zweier Register vorgenommen werden (z.B. Addition).

$$(A) \otimes (B) \rightarrow (B) \text{ oder } (A) \otimes (B) \rightarrow (A)$$

parallel: $a_i \otimes b_i \rightarrow b_i$ bzw. a_i

seriell: durch Schiftvorgänge $a_n \otimes b_n \rightarrow b_1$ bzw. a_1

5. Aufbau einer Rechenanlage

Aus der Lösung der einfachen Rechenaufgabe $y = \dfrac{a+b}{c-d}$ in 1.2 ergeben sich im wesentlichen drei funktionelle Einheiten, die zusammen eine Rechenanlage bilden, nämlich:

1) *Rechenwerk* (anstelle des Tischrechners) zur Durchführung der Verknüpfungen der Operanden (z.B. Rechenoperationen).

2) *Speicherwerk* (anstelle von Bleistift und Papier) zur Aufnahme der Rechenvorschrift (Programme) und der Zwischen- und Endergebnisse.

3) *Steuerwerk* (anstelle der Hilfskraft) zur Steuerung des Ablaufes der Einzelschritte in zeitlich richtiger Reihenfolge.

Die Rechenvorschrift (*Programm*), bestehend aus *Einzelbefehlen* (*Instruktionen*), wird ebenfalls wie die Daten im Speicherwerk gespeichert. Die Ein/Ausgabe der Programme und Daten in den bzw. vom Speicher erfolgt über das Ein/Ausgabesystem. Es ergibt sich der in Abb. 5.1 gezeigt funktionelle Aufbau.

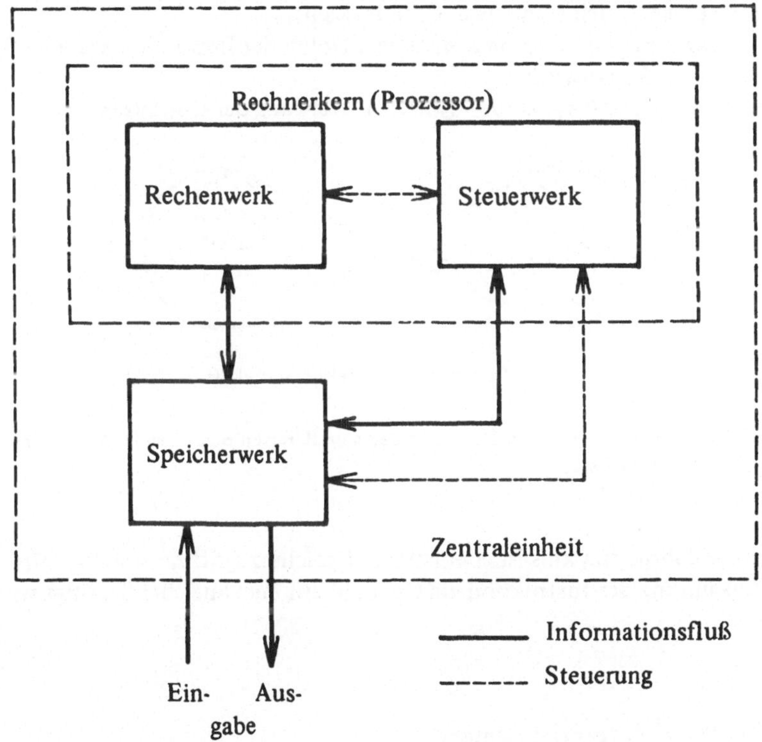

Abb. 5.1: Funktioneller Aufbau eines Rechenautomaten

Rechenwerk und Steuerwerk bilden den sogenannten „Rechnerkern"
Das Speicherwerk hat eine zentrale Funktion, nämlich:

— Verkehr mit dem Prozessor; es beliefert ihn rasch mit Einzelinformationen (Instruktionen und Daten)

— Verkehr mit den externen Geräten; die Informationen gelangen meist in größeren Mengen von außen in den Hauptspeicher bzw. werden von diesem wieder nach außen an die externen Geräte abgegeben.

Es wird auch als *„Zentralspeicher"*, *„Hauptspeicher"* und *„Arbeitsspeicher"* bezeichnet.

Zentralspeicher und Rechnerkern bilden die „Zentraleinheit" (central processing unit = CPU).

Bei der Ausführung des Programmes werden die Einzelbefehle (Maschinenbefehle) der Reihe nach aus dem Speicher in das Steuerwerk geholt und ausgeführt. Es ergeben sich somit zwei Grundzyklen:

— *Instruktionszyklus (instruction fetch)*: Holen der Instruktion aus dem Speicher in das Steuerwerk

— *Ausführungszyklus (execute cycle)*: Ausführung der Instruktion

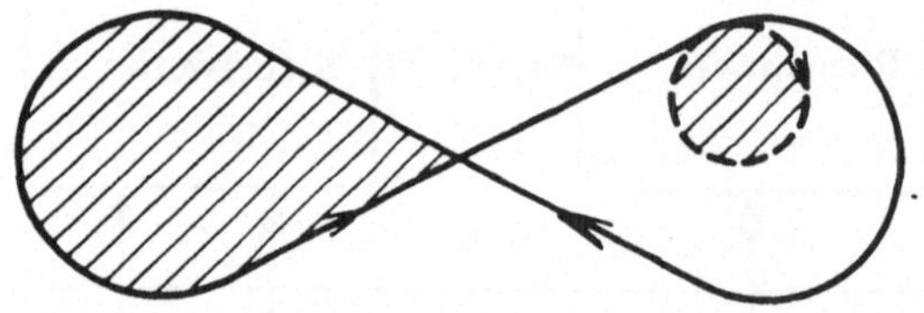

Abb. 5.2: Grundzyklen eines Rechners. In den schraffierten Bereichen findet ein Speicherzugriff statt.

Im Ausführungszyklus ist ebenfalls ein Speicherzugriff notwendig, falls zur Ausführung der Instruktion ein Operand aus dem Speicher benötigt wird.

5.1 Speicherwerk (central memory)

Speichermodul oder Speicherbank (memory module): Speichereinheit mit eigenem *Zugriffswerk* (Ansteuerungselektronik).

Bei einem Magnetkernspeichermodul sind jeweils n Matrizen zu einer Einheit zusammengefaßt. Die Kerne x_i, y_j in jeder Matrix k ($k = 1, \ldots, n$) bilden ein n-stelliges Speicherwort oder Speicherzelle. Da die Bits eines Speicherwortes in verschiedenen Matrizen liegen, kann auf sie parallel zugegriffen werden.

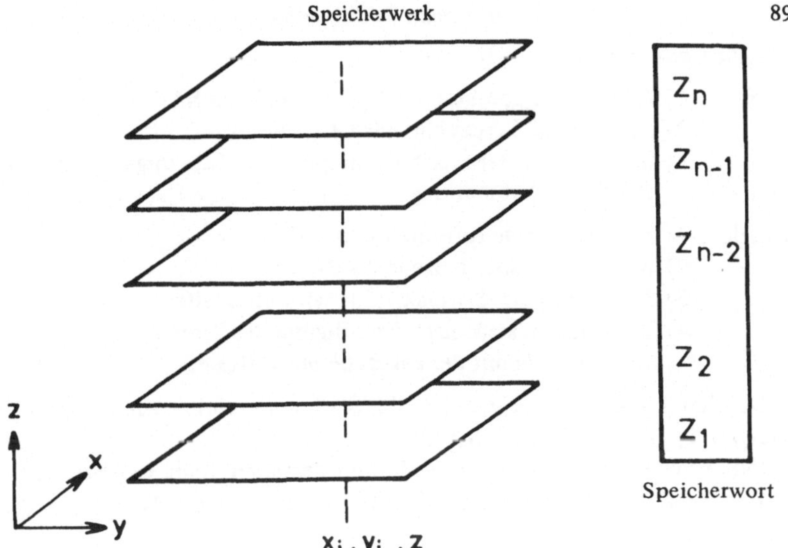

Abb. 5.3: Anordnung der Speichermatrizen in einer Speicherbank

Speicherzelle (memory cell): kleinste adressierbare Einheit in einem Speicher[2]).

Der Zugriff zu einem Speichermodul erfolgt über ein *Speicheradreßregister* (SAR) und ein *Speicherinformationsregister* (SIR).

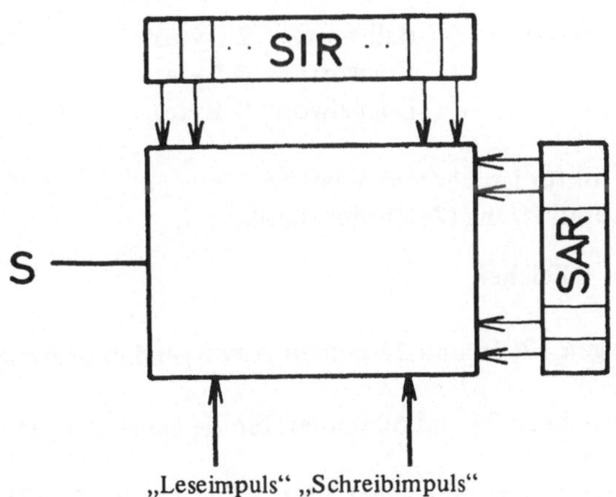

„Leseimpuls" „Schreibimpuls"

Abb. 5.4: Aufbau einer Speicherbank

---

[2]) Es gibt Maschinen (z.B. B 1700), bei denen jedes Bit des Hauptspeichers adressierbar ist.

Speicheroperationen:

Lesen: 1) Adresse der gewünschten Speicherzelle ins SAR.
          2) Leseimpuls: Lesezyklus wird eingeleitet.
          3) Information steht nach Beendigung des Lesevorganges im SIR
             zur Weiterverarbeitung.

Schreiben:1) Zu speichernde Information ins SIR.
          2) Adresse der Speicherzelle ins SAR.
          3) Schreibimpuls: Schreibzyklus wird eingeleitet.
          4) Information steht nach Beendigung des Schreibvorganges in der
             Speicherzelle mit der angegebenen Adresse.

Der Status-Ausgang S zeigt an, ob das Speichermodul gerade „in Arbeit"
(z.B. $S = 1$) oder frei ist (z.B. $S = 0$).

Ein Speicher kann aus mehreren Moduln bestehen. In diesem Fall ist ein
überlappter Zugriff (gleichzeitiger Zugriff zu verschiedenen Moduln) möglich.

Wortlänge: Anzahl der Bits pro Speicherzelle.

Die Wortlänge ist dem Verwendungszweck einer DVA angepaßt. Übliche
Wortlängen sind:

        8, 12, 16, 24, 32, 36, 48, 60 Bits

Ein 8-Bit-Wort wird als *Byte* bezeichnet (IBM System /370).

        IBM-Terminologie: Halbwort: 2 Bytes
                              Vollwort: 4 Bytes
                              Doppelwort: 8 Bytes

Die Byte-Struktur ist sehr vorteilhaft bei Anwendungen in der nicht numerischen Datenverarbeitung (Zeichenmanipulation).

        1 Byte = 1 Zeichen

Die Wortlängen 12, 16 und 24 werden vorwiegend in Prozeßrechenanlagen
verwendet.
Bei den Wortlängen 36 und 60 werden für die Darstellung eines Zeichens
6 Bits verwendet.
Die Wortlänge 48 erlaubt sowohl 6-Bit, als auch 8-Bit-Zeichen (Byte).
Die Arbeitsgeschwindigkeit eines Speichers wird durch die *Zugriffszeit* angegeben.

Zugriffszeit (*access time*): Das ist die Zeitspanne zwischen dem Zeitpunkt, zu dem eine Information vom Speicher angefordert wird, und dem Zeitpunkt, zu dem sie zur Verfügung steht.

Übliche Zugriffszeiten reichen von ca. 5 μsek (Massenkernspeicher) bis 0,05 μsek (Halbleiterspeicher).

Speicherkapazität (storage capacity):

Die Kapazität ist wegen der Adressierung im Dualsystem fast immer ein Vielfaches einer Zweierpotenz.

Zur Abkürzung werden folgende Einheiten verwendet:

$$1\,K = 2^{10} = 1024$$

$$1\,k^3) = 1000\ (1\ \text{Kilo})$$

z.B. 16 K Byte = 16 $\times$ 1024 = 16384 Byte.

4096	4 K	4 k
8192	8 K	8 k
16384	16 K	16 k
32768	32 K	32 k
65536	64 K	65 k
131072	128 K	131 k
262144	256 K	262 k
524288	512 K	524 k

Tab. 5.1: Umrechnung der Speicherkapazität in die Einheiten K u. k

Die am häufigsten verwendete Einheit ist K. Die Einheit k ist nicht zweckmäßig, da 1000 keine Potenz von 2 ist; sie wird aber trotzdem manchmal verwendet.

In Tab. 5.2 sind die Wortlängen von derzeit angebotenen Systemen angegeben.

---

[3]) Bei dieser Einheit wird auf ganze Tausender gerundet.

Type	Wortlänge Bit
B 6700	48
CDC Cyber 70	60
IBM /370	8[4])
TR 440	48
Siemens 4004	8[4])
Univac 1110	36

Tab. 5.2: Wortlänge verschiedener Rechenanlagen

5.2 Der Rechnerkern (processor)

5.2.1 Steuer- oder Leitwerk (control unit)

Die Funktionen des Steuerwerkes sind:
– Holen der Instruktion aus dem Speicher
– Dekodierung der Instruktion
– Ausführen der Instruktion, Steuerung des Ablaufes eines Mikroprogrammes;
  jede Instruktion löst eine bestimmte Sequenz von *Mikrobefehlen* aus.
– Fortzählung der Instruktionsadresse.

Das Steuerwerk besteht zumindest aus dem *Instruktionsregister* IR, dem *Instruktionsadreßregister* IAR und dem *Decodierer* mit dem *Taktgeber*, sowie einem *Status-Register*.

Instruktionsregister IR (instruction register): Dieses Register nimmt während des Instruktionszyklus die auszuführende Instruktion aus dem Speicherinformationsregister SIR auf.

Instruktionsformat: Im einfachsten Fall besteht die Instruktion aus einem Operationsteil OT, der die Art der Operation angibt (z.B. Addieren, Speichern usw.) und einem Adreßteil AT, der die Adresse des Operanden enthält. In einfachen Anlagen ist die Instruktionslänge in Bit gleich der Wortlänge. Sie kann jedoch von Bruchteilen bis zum Mehrfachen der Länge eines Maschinenwortes variieren.

Instruktionsadreßregister IAR (instruction counter): Dieses enthält jeweils die Adresse der nächsten auszuführenden Instruktion. Es ist als Zählwerk aufgebaut und heißt deshalb auch *Instruktionszähler*.

---

[4]) Diese Anlagen sind Byte-orientiert.

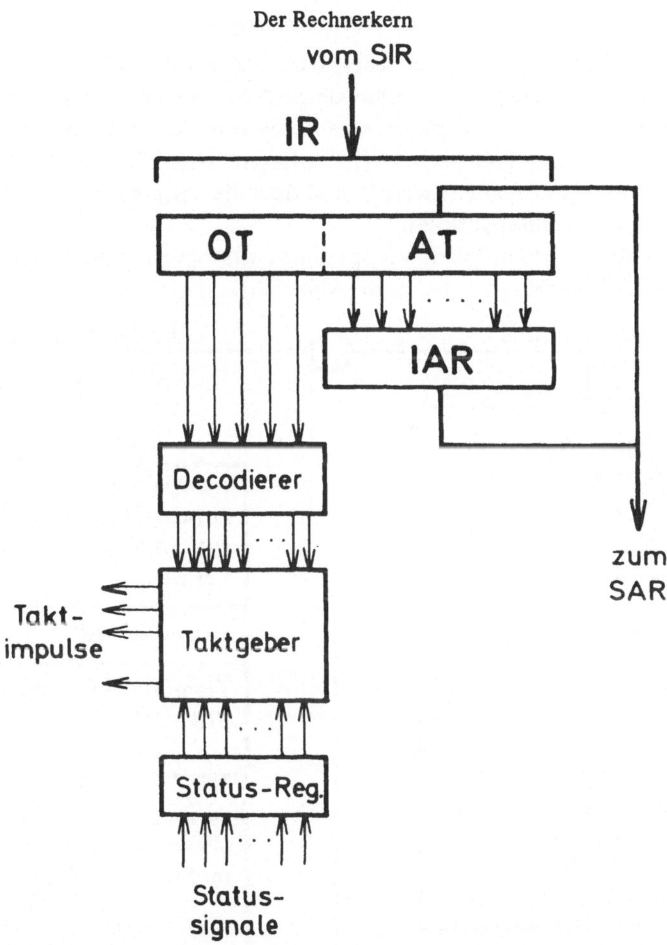

Abb. 5.5: Funktioneller Aufbau des Steuer- od. Leitwerkes

Die Instruktionen werden — mit Ausnahme der Verzweigungen — in der Reihenfolge abgearbeitet, in der sie im Speicher liegen. Zu diesem Zweck muß das IAR nach jeder Instruktion um 1 erhöht werden.

Statusregister (status register): Die einzelnen Bits dieses Registers (Schalter) werden aufgrund von Statussignalen gesetzt und geben Aufschluß über den momentanen Zustand der verschiedenen Einheiten wie z.B. Speicherwerk gerade frei od. Maschine befindet sich gerade im Ausführungszyklus usw. Weiters enthält dieses Register im allgemeinen einen Bedingungsschlüssel, der z.B. gesetzt wird, wenn im Rechenwerk arithmetischer Überlauf eingetreten ist usw., aufgrund dessen dann eine bedingte Verzweigung durchgeführt werden kann.

Decodierer und Taktgeber (decoder, sequencer): Der im Operationsteil OT
der Instruktion stehende Operationscode wird entschlüsselt und in Abhängigkeit des Inhaltes des Statusregisters eine Reihe von Taktimpulsen generiert,
die dem Rechen- und Speicherwerk (z.B. „Lesen" oder „Schreiben") bzw. dem
Ein/Ausgabesystem zugeführt werden und dort die entsprechenden Mikrooperationen (Mikrobefehle) auslösen.

Es läuft also für jeden Befehl ein spezielles Mikroprogramm, das aus einer
Reihe von Mikrobefehlen besteht, ab (Abb. 5.6).

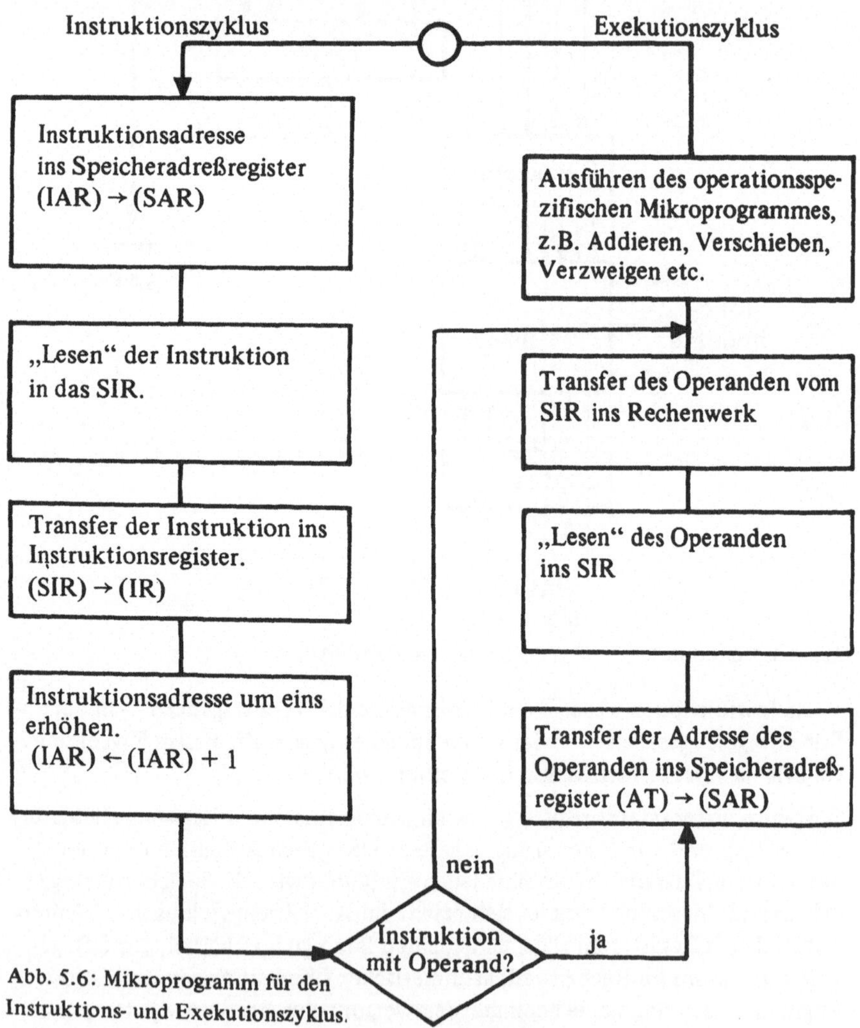

Abb. 5.6: Mikroprogramm für den
Instruktions- und Exekutionszyklus.

Im Instruktionszyklus wird der Befehl, dessen Adresse gerade im IAR steht, in das Instruktionsregister IR geholt, im Exekutionszyklus der momentan im IR stehende Befehl ausgeführt.

Da die Instruktion in unserem einfachen Modell nur *eine* Adresse besitzt, kann auch nur *ein* Operand angesprochen werden. Bei Operationen mit zwei Operanden, z.B. Addition, wird daher vorausgesetzt, daß der eine Operand sich bereits im Rechenwerk befindet. Man spricht deshalb auch von *Einadreß-Maschinen*.

Es werden jedoch — insbesondere bei größeren Anlagen — häufig Instruktionen mit zwei oder sogar drei Adressen implementiert, wodurch die Instruktionen wirkungsvoller werden. Abb. 5.7 zeigt den Unterschied zwischen den Ein-, Zwei-, und Dreiadreßbefehlen bei der Berechnung von

$$y = a + x$$

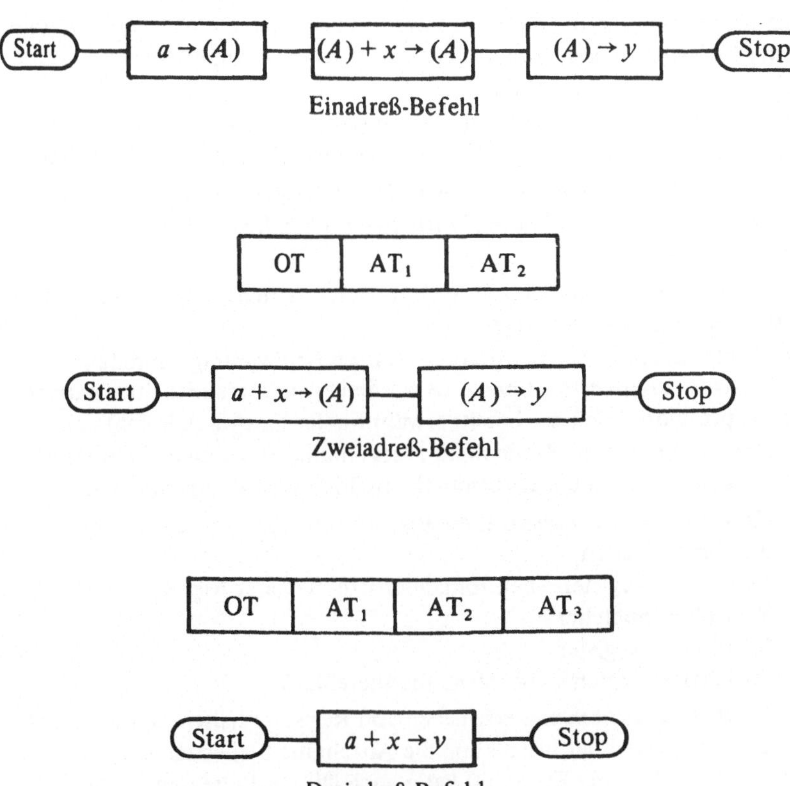

Abb. 5.7: Vergleich von Ein- und Mehradreßbefehlen

A ist das Rechenregister im Rechenwerk, y, a und x sind Speicheroperanden.

Während beim *Einadreß-Befehl* drei Instruktionen notwendig sind, findet man beim *Zweiadreß-Befehl* mit zwei Instruktionen das Auslangen.

AT_1 ist die Adresse des ersten, AT_2 die Adresse des zweiten Operanden. Das Ergebnis steht im A-Register.

Beim Zweiadreß-Befehl bietet sich die Alternative an, das Ergebnis an die Stelle eines der Speicheroperanden (z.B. 1. Operand) zu speichern, wenn dieser nicht mehr benötigt wird.

Beim *Dreiadreßbefehl* ist ein zusätzlicher Adreßteil vorhanden, der die Adresse des Ergebnisses enthält. Es ist in unserem Fall nur eine Instruktion notwendig.

Je mehr Adreßteile ein Befehl hat, desto wirkungsvoller wird er. Der Nachteil ist allerdings, daß bei fixen Instruktionslängen (Wortlängen) der Speicherbedarf für das Programm größer wird, weil es auch Befehle ohne Speicheroperanden gibt. Daher haben größere Maschinen meist Instruktionen variabler Länge.

Beispiel: IBM System /360 und /370. Instruktionslänge: 2, 4 und 6 Byte. Der Operationsteil ist 1 Byte, das würde einen Instruktionssatz von 256 Instruktionen ermöglichen. Tatsächlich sind es aber weniger.

Beispiel: CDC Cyber 70-Serie: Wortlänge 60 Bit. Instruktionslängen: 15, 30 und 60 Bit.

Instruktionssatz: Unter dem Instruktionssatz versteht man die Gesamtheit aller Instruktionen einer Anlage.

Instruktionstypen: Die Instruktionen lassen sich wie folgt einteilen:

Verknüpfungs-Instruktionen: Es werden zwei Operanden miteinander verknüpft, wobei sich wie bereits erwähnt beim Ein-Adreß-Befehl der 1. Operand bereits im Rechenwerk (Akkumulator) befindet. Im wesentlichen handelt es sich um arithmetische und logische Verknüpfungen.

Transport-Instruktionen: Diese Instruktionen dienen dem Transport von Operanden zwischen:

Register → Register (bei Vorhandensein mehrerer Register)
Register → Speicher
Speicher → Register
Speicher → Speicher (bei Mehradreßbefehlen)

Schift-Instruktionen: Verschieben von Registerinhalten. In diesem Fall gibt der Adreßteil der Instruktion die Anzahl der Stellen an, um die verschoben werden soll. Ein Schift kann auch über mehrere (meist zwei) benachbarte Register erfolgen.

Verzweigungs-Instruktionen: Der sequentielle Programmablauf wird unterbrochen und an einer anderen Stelle fortgefahren. Dies kann von verschiedenen Bedingungen abhängig gemacht werden.

Bei den Verzweigungs-Instruktionen gibt der Adreßteil die Adresse der nächsten auszuführenden Instruktion an. Eine Verzweigung geschieht intern durch Verschieben des AT nach dem IAR im Exekutionszyklus.

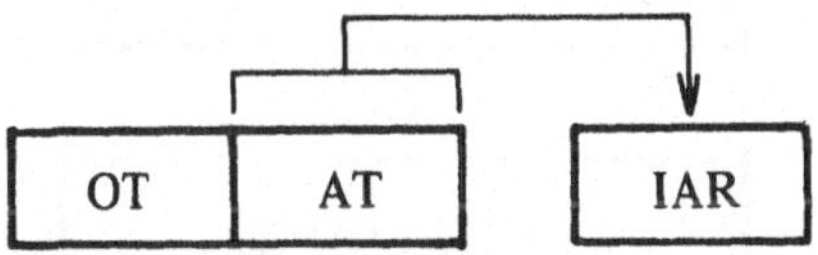

Diese Instruktionen werden auch als „*Sprung-Instruktionen*" bezeichnet. Beispiele für Bedingungen, von denen ein Sprung abhängig gemacht werden kann:

– Überlauf nach einer vorhergehenden Operation
– Inhalt des Akkumulators negativ
– Inhalt des Akkumulators 0
– Inhalt des Akkumulators positiv
  usw.

Ob eine oder mehrere dieser Bedingungen zutreffen, geht aus dem Bedingungsschlüssel im Status-Register hervor.

Falls keine Bedingung an den Sprung geknüpft ist, wird er als „*Unbedingter Sprung*" bezeichnet.

Unterprogramme (Subroutines): Unterprogramme sind Programme, die von beliebigen Stellen anderer Programme angesprungen (aufgerufen) werden können und nach deren Durchlauf an die unmittelbar an die Absprungstelle folgende Stelle des aufrufenden Programmes zurückgesprungen wird. Dies ist besonders bei wiederkehrenden Funktionen, z.B. mathematische Funktionen, für die es keinen Maschinenbefehl gibt, vorteilhaft. Es werden zu diesem Zweck spezielle Sprunginstruktionen verwendet, bei denen vor dem eigentlichen Sprung der Inhalt des IAR (Adresse der nächsten auszuführenden Instruktion) entweder in einem Register oder auf einem bestimmten Speicherplatz, z.B. auf die „Sprungadresse" abgespeichert und anschließend auf die „Sprungadresse" + 1 verzweigt wird (siehe Abb. 5.8).

Die Argumente (z.B. der Winkel zur Berechnung des Sinus) werden ins Unterprogramm übergeben, indem z.B. die Adresse der geschlossenen Argumentliste in die auf die Absprungstelle folgende Speicherzelle (PAR in Abb. 5.9) des aufrufenden Programmes gespeichert wird. Nach dem Durchlaufen des Unterprogrammes wird auf die in der ersten Speicherzelle des Unterprogram-

mes abgespeicherte Rücksprungadresse + 1 des aufrufenden Programmes
zurückgesprungen.

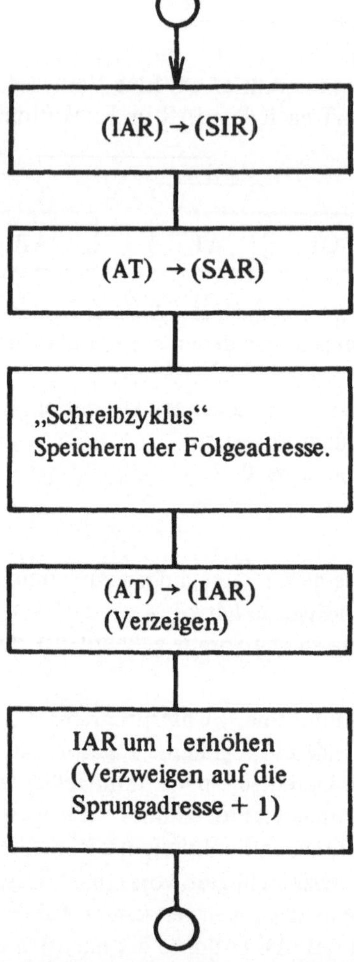

Abb. 5.8: Exekutionszyklus bei einem Unterprogrammsprung

Die Rückgabe der Ergebnisse ins aufrufende Programm kann an die Stelle
der Argumente erfolgen. Selbstverständlich kann das Argument oder die
Adresse der Argumente bzw. der Ergebnisse auch über den Akkumulator übergeben werden.

Die Rücksprungadresse könnte auch in einem eigens dafür vorgesehenen Register abgespeichert werden.

Eine schematische Darstellung des Unterprogrammaufrufes ist aus Abb. 5.9 zu ersehen.

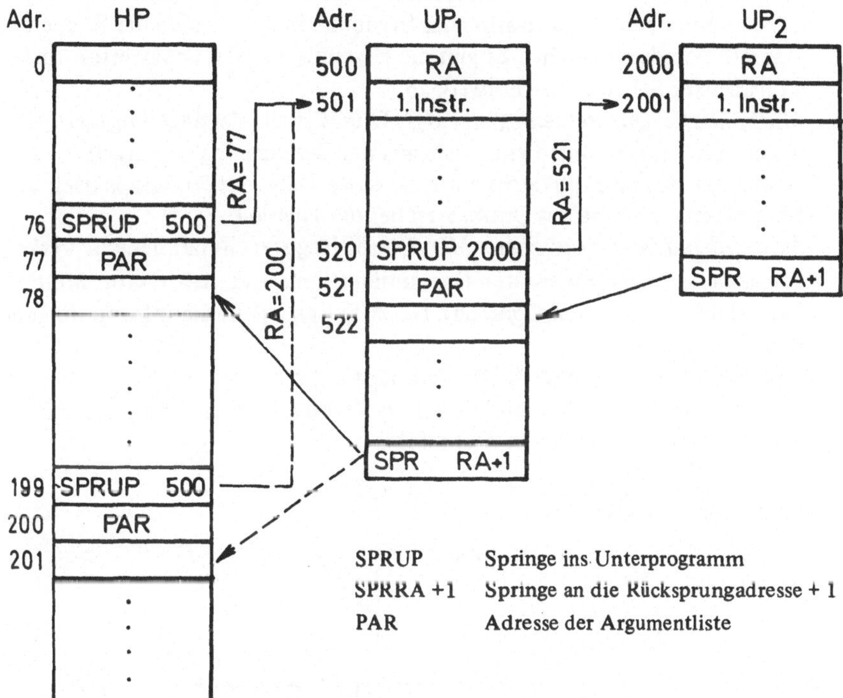

Abb. 5.9: Schema von Unterprogrammaufrufen; RA = Rücksprungadresse

Vorteile der Unterprogrammtechnik:
- Ersparnis von Speicherplatz, da das Programm nur einmal gespeichert werden muß.
- Übersichtlichkeit bei der Programmierung (Modularität).
- Verwendung von Standardunterprogrammen für häufig auftretende Aufgaben (Bibliotheksunterprogramme wie z.B. Quadratwurzel, Winkelfunktionen usw.)

5.2.2 Rechenwerk

Da das Rechenwerk außer arithmetischen im allgemeinen auch *logische Operationen* durchzuführen hat, wird häufig auch richtiger der Ausdruck *„Arithmetische und logische Einheit"* (arithmetic and logical unit) verwendet.

Das Rechenwerk besteht im einfachsten Fall aus folgenden Funktionseinheiten (Abb. 5.10).

— *Akkumulator A*: Dieser enthält bei den Einadreßmaschinen einen der Operanden und nach der Operation das Ergebnis. In ihm werden die Rechenoperationen durchgeführt. Er gibt die Ergebnisse an das Speicherinformationsregister SIR im Speicherwerk ab.

— *Multiplikator-Quotientenregister MQ*: Dieses ist als Verlängerung des A-Registers aufzufassen und dient — wie aus der Bezeichnung hervorgeht — der Aufnahme des Multiplikators vor bzw. eines Teiles des Produktes nach der Multiplikation sowie des Quotienten bei der Division.

— *Multiplikanden-Divisorregister MD*: Dieses Register enthält bei den Verknüpfungsoperationen den zweiten Operanden (Summand, Subtraktor, Multiplikand, Divisor, logischer Operand). Das MD-Reg. erhält die Information aus dem SIR.

— *Verknüpfungsnetzwerke V*: Die Verknüpfungsnetzwerke enthalten die notwendigen arithmetischen und logischen Verknüpfungsschaltungen zur Verknüpfung der Operanden in A und MD.

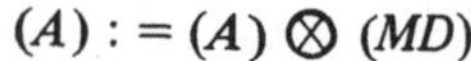

$$(A) := (A) \otimes (MD)$$

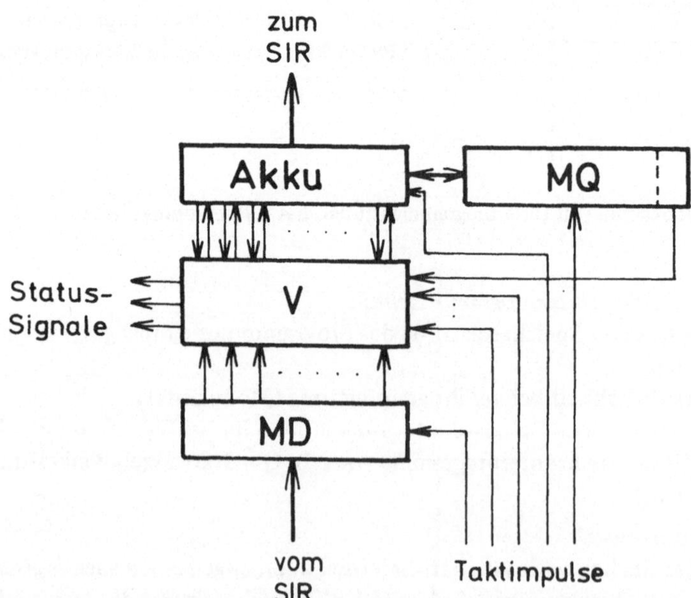

Abb. 5.10: Funktioneller Aufbau eines Rechenwerkes

Bei der Ausführung von Operationen, die zwei Operanden betreffen, wird vorausgesetzt, daß sich der erste Operand bereits im A-Register befindet. Im Exekutionszyklus der Operationen – z.B. einer Addition – wird vorerst der zweite Operand aus dem Speicherwerk in das MD-Register transportiert (siehe Abb. 5.10) und anschließend zum ersten Operanden im A-Register über das Verknüpfungsnetzwerk (Paralleladdierwerk) addiert. Das Ergebnis steht im A-Register und kann mit Hilfe eines Speicherbefehles im Speicherwerk abgespeichert werden. Die Mikrooperationen wie Verknüpfungen, Transporte etc. werden durch die Taktimpulse aus dem Steuerwerk ausgelöst.

Der Transport des ersten Operanden in das A-Register erfolgt am einfachsten durch Löschen des A-Registers (0-Setzen) und anschließender Addition des Operanden zum Inhalt des A-Registers $(A) + 0 \rightarrow (A)$.

5.2.2.1 *Festpunktarithmetik* (fixed point arithmetic)

Die Darstellung einer L-stelligen gebrochenen Zahl im Zahlensystem mit der Basis B als

$$\sum_{i=-M}^{N-1} a_i B^i$$

mit $L = N + M$ (N und M sind die Anzahl der Stellen vor bzw. nach dem Punkt) nennt man *Festpunktdarstellung* (fixed-point-number).

Die negativen Zahlen werden entweder durch Komplement oder Absolutwert und Vorzeichen dargestellt. Das Vorzeichen steht meist an der Stelle $N - 1$. Dem Punkt ist eine feste Stelle zugewiesen.

Obwohl der Punkt prinzipiell an jeder beliebigen Stelle stehen kann, ist er maschinenintern entweder ganz links, dann müssen alle Zahlen in den Bereich $B^{-M} \leqslant |X| < 1$ (gebrochene Zahlen) oder ganz rechts, in diesem Fall müssen die Zahlen in den Bereich $1 \leqslant |X| < B^{N-1}$ (ganze Zahlen) transformiert werden.

Der letztere Fall wird weitaus häufiger angewendet, da das Hantieren mit ganzen Zahlen im allgemeinen weniger Schwierigkeiten bereitet und diese Darstellung außerdem die Realisierung der INTEGER-Vereinbarung in FORTRAN und ALGOL ist.

Beispiel: IBM/370. Die Wortlänge ist 32 Bits, die Darstellung der negativen Zahlen erfolgt im 2er Komplement; der Dualpunkt ist ganz rechts (ganze Zahlen). Der darstellbare Zahlenbereich erstreckt sich von

$$-2^{31} = 2\,147\,483\,548 \quad \text{bis} \quad +2^{31} - 1 = 2\,147\,483\,547.$$

Die Umständlichkeit beim Hantieren mit gebrochenen Zahlen in der Festpunktarithmetik sei anhand des folgenden Beispiels gezeigt:

Beispiel: Bei der Manipulation von Geldbeträgen benötigt man im allgemeinen 2 Stellen hinter dem Dezimalpunkt. Durch Multplikation mit 100 werden bei der Eingabe alle Geldbeträge in den Bereich der ganzen Zahlen transformiert. Der Programmierer weiß, daß der „gedachte" Punkt zwischen der Hunderter- und der Zehner-Stelle liegt, also gegenüber der maschineninternen Darstellung um 2 Stellen nach links verschoben ist. Bei der Ausgabe muß umgekehrt verfahren werden, d.h. durch 100 dividiert werden, um den ganzzahligen Teil des Betrages zu erhalten; der Divisionsrest ist der Teilbetrag (z.B. Pfennige). Solange Geldbeträge nur addiert oder subtrahiert werden, ändert sich am gedachten Dezimalpunkt nichts. Werden dagegen solche Beträge mit gebrochenen Zahlen mit M Stellen nach dem Punkt multipliziert – z.B. Preis in DM $\times$ Warenmenge in kg –, so ist zu beachten, daß beim Ergebnis der Punkt um M Stellen nach links gerückt ist.

Der (gedachte) Punkt kann auch außerhalb der Zahl liegen. Der Programmierer muß sich nur im klaren darüber sein, wo er nach jeder Operation liegt.

Bei der Addition oder Subtraktion zweier Zahlen mit verschiedener Anzahl von Bruchstellen muß vor der Operation eine Zahl immer so transformiert werden, daß die entsprechenden Stellenwerte untereinander liegen.

Beispiel: Eine Maschine arbeitet intern mit 8-stelligen ganzen Oktalzahlen (8-stelliger Akkumulator). Die folgenden Zahlen sollen addiert werden:

$$351261.47$$
$$313.6024$$

Da für die Darstellung nur 8 Stellen inklusive Vorzeichen zur Verfügung stehen, muß so transformiert werden, daß die signifikanten Stellen erhalten bleiben bzw. kein Überlauf entsteht:

```
  3512614 . . . die letzte Stelle geht verloren
+    3136 . . . die letzten 3 Stellen gehen verloren
  3515752
       ↖
        Oktalpunkt
```

Beispiel: Folgende Multiplikation soll ausgeführt werden (oktal, Wortlänge wie oben):

$$35240.21 \times 3500.41 = 152224047.5061$$

Unter Berücksichtigung des Vorzeichens können nur die 7 signifikantesten Stellen untergebracht werden, nämlich 1522240; es gehen 6 Stellen verloren. Der gedachte Oktalpunkt liegt 2 Stellen rechts von der letzten Stelle.

Das notwendige ständige Wissen um die Punktposition (Einerstelle) ist ein Nachteil dieser Darstellungsart. Aus diesem Gründe wird die Festkommadarstellung fast nur mehr für ganze Zahlen verwendet.

Die Addition und Subtraktion zweier ganzer Zahlen in Festpunktdarstellung wurde in 2.4 ausführliche behandelt und ein Verknüpfungsnetzwerk für die parallele Addition zweier Registerinhalte in Abb. 4.6 gezeigt.

Multiplikation und Division: Der prinzipielle Ablauf der Multiplikation im Dualsystem wurde bereits in 2.5 dargestellt. Vor der Ausführung des eigentlichen Multiplikationsbefehles muß der Multiplikator bereits im Akkumulator stehen (siehe Abb. 5.10). Der Ausführungszyklus bei der Multiplikation verläuft nach dem Flußdiagramm in Abb. 5.11.

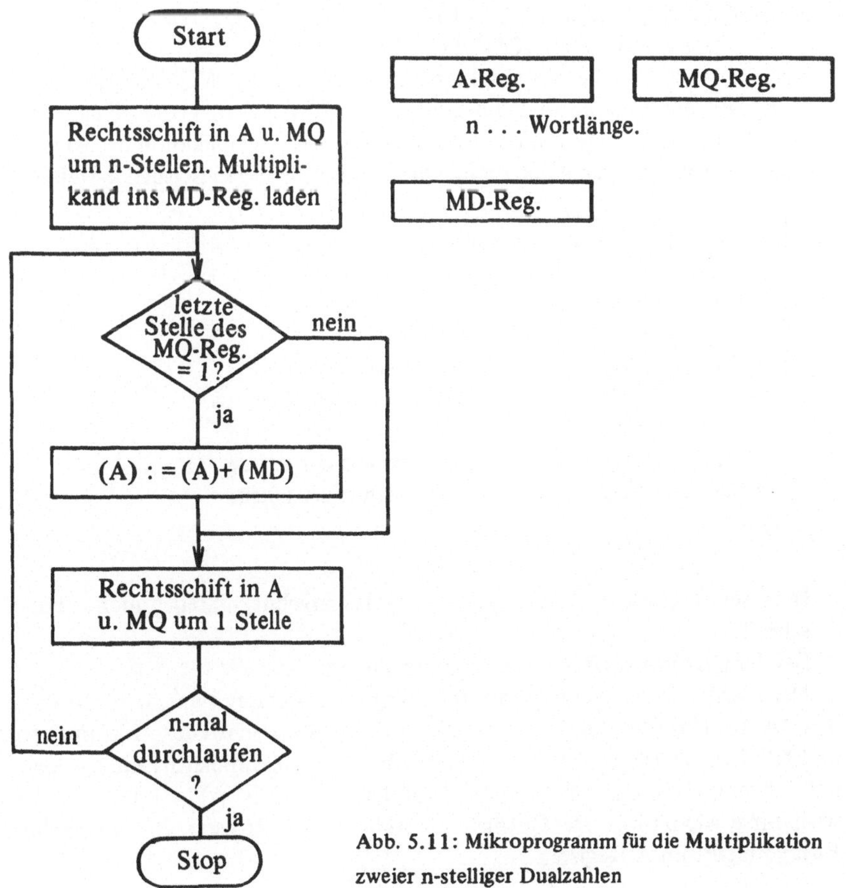

Abb. 5.11: Mikroprogramm für die Multiplikation zweier n-stelliger Dualzahlen

Zunächst wird durch einen Rechtsschift um n Stellen der Multiplikator ins MQ-Register gebracht und der Akkumulator gelöscht. Sodann wird der Multiplikand, dessen Adresse im Adreßteil der Instruktion steht, aus dem Speicher ins MD-Register geladen. Jetzt beginnt die eigentliche Multiplikation, indem der Multiplikand zum Inhalt des Akkumulators addiert wird, falls die letzte Stelle des MQ-Registers (Multiplikator) 1 ist und anschließend der Inhalt des Akkumulators und MQ-Registers um eine Stelle nach rechts verschoben wird (siehe auch 2.5). Dies wiederholt sich n mal.

Das MQ-Register nimmt dabei sukzessive die endgültigen Stellen des Produktes (2. Hälfte) aus dem Akkumulator auf und gibt rechts die nicht mehr benötigten Stellen des Multplikators ab. Am Ende steht das Produkt rechtsbündig im Akkumulator und MQ-Register.

Beispiel: Multiplikation $5 \times 3 = 15$

im Dualsystem: $101 \times 11 = 1111$

Nachstehende Tabelle gibt den Inhalt der Register A u. MQ nach jedem Durchlauf der Schleife an. Zu Beginn ist das A-Reg. = 0, das MQ-Register enthält die Zahl 3. Die Zahl 5 steht während der Multiplikation im MD-Register. Die Register sind der Einfachheit halber in diesen Beispiel 4-stellig.

A-Reg	MQ-Reg	
0000	0011	
0101	0011	Addition (A) + (MD) $\rightarrow$ (A)
0010	1001	Rechtsschift um 1 Stelle
0111	1001	Addition (A) + (MD) $\rightarrow$ (A)
0011	1100	Rechtsschift um 1 Stelle
0001	1110	Rechtsschift um 1 Stelle
0000	1111	Rechtsschift um 1 Stelle

In diesem Fall bleibt das A-Reg. leer, da das Ergebnis n-Stellen nicht überschreitet.

Bei der *Division* wird umgekehrt vorgegangen.

Der Dividend, der rechtsbündig im A-Reg. und MQ-Reg steht, wird durch den Divisor (im MD-Reg.) dividiert. Nach einem Linksschift des Akkumulators und MQ-Registers wird der Divisor vom Inhalt des Akkumulators subtrahiert und die letzte Stelle des MQ-Registers auf 1 gesetzt, falls (A) > (MD) ist. Dies wird n-mal wiederholt. Der Quotient entsteht im MQ-Register, ein eventueller Rest verbleibt im A-Register.

5.2.2.2 *Gleitpunktarithmetik* (floating point arithmetic)
Die Zahl wird hier dargestellt als:

$$Z = m \cdot B^e$$

m = Mantisse
B = Basis des Zahlensystems
e = Exponent

Diese Darstellung wird auch als halblogarithmische Darstellung bezeichnet.
Um alle für die Mantisse zur Verfügung stehenden Stellen auszunützen,
wird so umgeformt, daß

$$\frac{1}{B} \leqslant m < 1$$

(erste Stelle nach dem Komma ungleich 0) ist. Dies wird als *normalisierte Dar
stellung* bezeichnet. Der Punkt ist also ganz links.

Z.B.: $4528.193 = 0.4528193 \times 10^4$.

Neben dem Betrag der Mantisse muß auch noch das Vorzeichen und der
Exponent in ein Wort gepackt werden. Meist führt man jedoch eine Transformation des Exponenten

$$C = e + \frac{B^N}{2}$$

durch, um negative Exponenten zu vermeiden. C wird als Charakteristik bezeichnet und N ist die für sie zur Verfügung stehende Stellenzahl.
Der darstellbare Zahlenbereich hängt von der Länge der Charakteristik,
die Genauigkeit der Darstellung von der Länge der Mantisse ab.

Beispiel: IBM /370. Wortlänge: 32 Bits

Bit   0   1 . . . . 7 8 31

Vz	Char. C	Mantisse m

       7 Bits   24 Bits

Vz: 0 ... positive Zahl
       1 ... negative Zahl $Z = m \cdot 16^e$

Die Basis ist 16, daher ist die Mantisse auch hexadezimal normalisiert (d.h. die ersten 3 Bits nach dem Komma können 0 sein). Für die Speicherung des Exponenten stehen 7 Bits zur Verfügung ($2^7 = 128$).
Die Charakteristik $C = e + 64$

Char	Exp
0	− 64
64	0
127	+ 63

Darstellbarer Zahlenbereich:

kleinster Absolutwert: $0.1 \times 16^{-64} = 16^{-65} \approx 10^{-78}$

größter Absolutwert: $0.\text{FFFFFF} \times 16^{63} \approx 16^{63} \approx 10^{75}$

Beispiel: Control Data Cyber 70-Serie. Wortlänge: 60 Bits

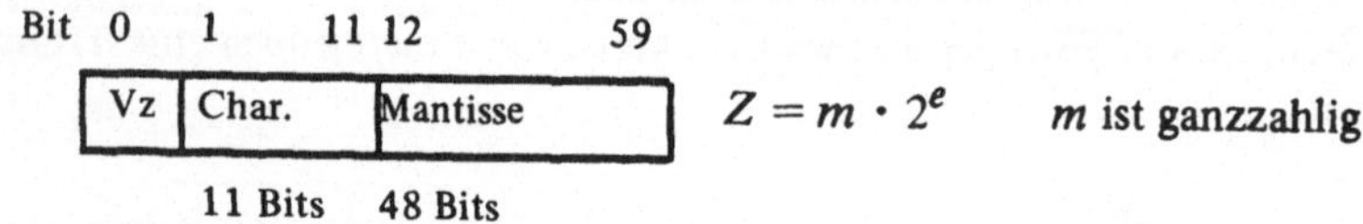

$Z = m \cdot 2^e$ m ist ganzzahlig

Für positive Zahlen gilt:

Char.	e
0	−1023
1023	undefiniert
1024	+ 0
2046	1022
2047	∞

Darstellbarer Zahlenbereich: $10^{-307} \leqslant |Z| \leqslant 10^{+322}$

In Abb. 5.12 ist der Ablauf einer Gleitkommaaddition im Dualsystem dargestellt. Der Exponent bezieht sich ebenfalls auf die Basis 2. Es wird vorausgesetzt, daß die Operanden a und b normalisiert sind. Wie aus dem Flußdiagramm
ersichtlich ist, werden bei der Addition der beiden n-stelligen Mantissen $n + 1$
Stellen berücksichtigt. Falls die Charakteristiken sich um mehr als $n + 1$ unterscheiden, wird keine Addition durchgeführt. Anschließend an die Addition
wird normalisiert und durch Addition der $n + 1$-ten Stelle zur n-ten Stelle gerundet. Falls durch die Addition oder Rundung die Mantisse $m \geq 1$ wird,
muß sie durch 2 dividiert werden, indem sie um 1 Stelle nach rechts verschoben wird. Gleichzeitig wird die Charakteristik um 1 erhöht.

*Vorteile und Nachteile der Gleitpunktdarstellung gegenüber der Festpunkt-
darstellung*:

Vorteile:
- großer Zahlenbereich darstellbar
- durch die normalisierte Darstellung werden alle Stellen der Mantisse für die
  Genauigkeit ausgenützt.
- Der Programmierer braucht sich um die Kommaposition nicht zu kümmern.

Nachteile:
- komplizierte Rechenoperationen, daher langsamer und schaltungstechnisch
  aufwendiger.
- bei gleicher Wortlänge geringere maximale Genauigkeit, da ein Teil des
  Wortes für die Charakteristik verwendet wird.

Die Gleitpunktdarstellung wird vorteilhaft bei Zahlen mit sehr unterschiedlichen Größenordnungen verwendet. In größeren Anlagen sind meist beide
Darstellungsarten hardwaremäßig vorhanden (eigene Festpunkt- und Gleit-
punktinstruktionen). Die Gleitpunktoperationen können auch mit Hilfe der
Festpunktarithmetik durch Unterprogramme verwirklicht werden.

5.2.2.3 *Logische Operationen* (logic operations)

Bei den folgenden Beispielen wird wiederum vorausgesetzt, daß der erste
Operand sich bereits im Akkumulator befindet. Das Ergebnis steht ebenfalls
im Akkumulator.

Logisches ODER $(A)_i \leftarrow (A)_i \vee b_i$

Der Inhalt des A-Reg wird stellenweise mit den entsprechenden Stellen des
Speicheroperanden b verknüpft.

Auf diese Art und Weise können z.B. bestimmte Stellen des Akkumulators
mit Hilfe des Operanden b als „Maske" auf 1 gesetzt werden.

          Aufbau einer Rechenanlage

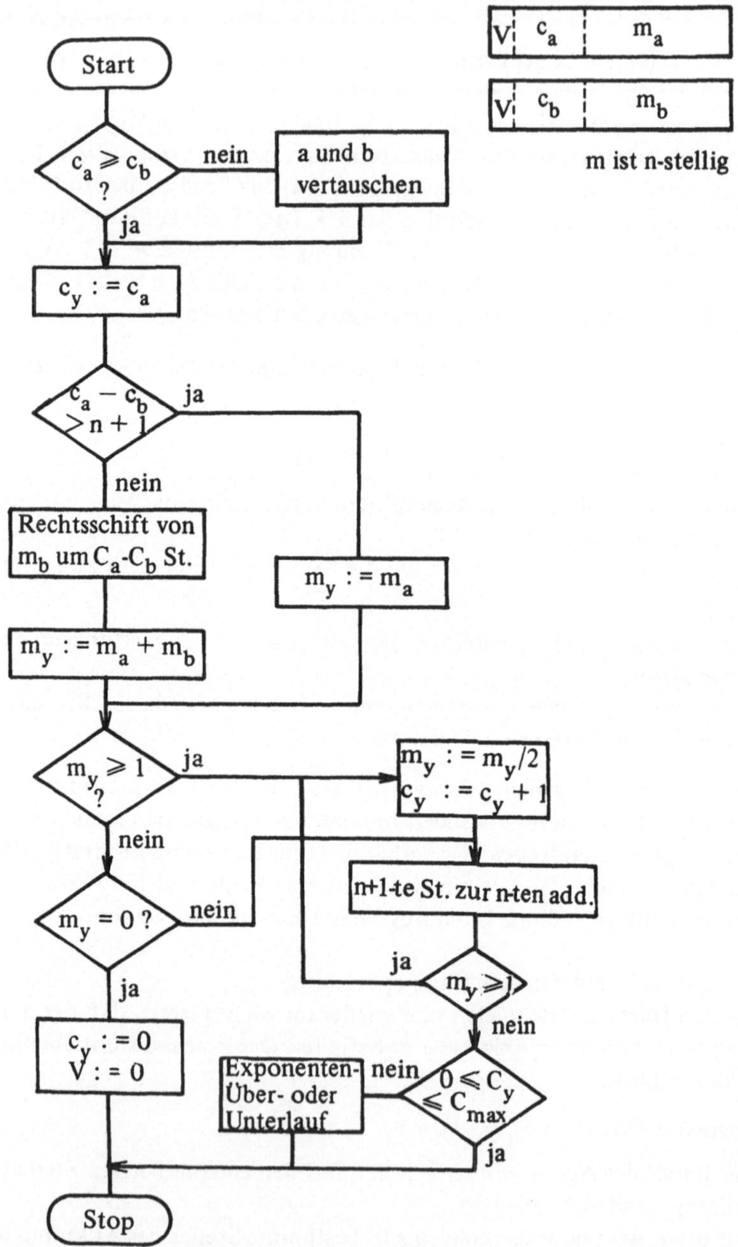

Abb. 5.12: Mikroprogramm einer Gleitpunktaddition

Beispiel: (A): $\quad 010010101110$
$\qquad b$: $\quad \underline{000011110000} \ldots$ Maske.
$(A) \vee b$: $\quad \overline{010011111110}$

Alle jene Stellen, in denen die Maske eine 1 enthält, werden 1 gesetzt, alle anderen bleiben unverändert, da

$$X \vee 0 = X$$

und

$$X \vee 1 = 1 \quad \text{ist}.$$

Exklusives ODER $(A)_i \leftarrow (A)_i \, \bar{b}_i \vee (\bar{A})_i b_i$

Mit Hilfe dieser Operation können bestimmte Stellen unter zuhilfenahme des Operanden b als Maske invertiert werden.

Beispiel: A: $\quad 010010101110$
$\qquad b$: $\quad \underline{000011110000} \ldots$ Maske
$(A) \, \bar{b} \vee (\bar{A}) \, b$: $\overline{010001011110}$

Alle jene Stellen, in denen die Maske eine 1 enthält, werden invertiert, die anderen bleiben unverändert, da

$$X \wedge 0 \vee \bar{X} \wedge 1 = \bar{X}$$

und

$$X \wedge 1 \vee \bar{X} \wedge 0 = X \quad \text{ist}.$$

Logisches UND: $(A)_i \leftarrow (A)_i b_i$
Bestimmte Stellen können mit Hilfe der Maske 0 gesetzt werden.

Beispiel: A: $\quad 010010101110$
$\qquad b$: $\quad \underline{111100001111}$
$(A) b$: $\quad \overline{010000001110}$

Alle Stellen, in denen die Maske eine 0 enthält, werden 0 gesetzt, die anderen bleiben unverändert, da

$$X \wedge 0 = 0 \quad \text{und}$$

$$X \wedge 1 = X \quad \text{ist}.$$

Testen mit Hilfe von Masken: Mit Hilfe von Masken ist es auch möglich, bestimmte Stellen des A-Registers auf deren Wert 0 oder 1 zu testen und abhängig vom Ergebnis einen sogenannten *„Bedingungsschlüssel"* zu setzen, dessen Wert dann als Entscheidung für einen bedingten Sprung herangezogen werden kann.

Beispiel: A: 010010101110
Testen unter der Maske b: 000011110000
Die Inhalte der Register werden nicht verändert, es wird lediglich ein Bedingungsschlüssel BS gesetzt.
Man könnte z.B. drei Fälle unterscheiden.

a) die getesteten Stellen (das sind jene Stellen, in denen die Maske 1 ist) sind alle 0.
   BS = 0

b) die getesteten Stellen sind alle 1
   BS = 1

c) die getesteten Stellen sind gemischt. (0 u. 1)
   BS = 2

In unserem Beispiel trifft der Fall c) zu. Aufgrund dieser 3 Möglichkeiten könnte jetzt mit Hilfe eines bedingten Sprunges verzweigt werden (siehe 5.2.1).

5.2.3 Adressierung und Indizierung

Jede Speicherzelle wird durch ihre effektive Adresse eindeutig identifiziert. Zweckmäßigerweise erfolgt auch die Adressierung im Dualsystem.

Es sind mehrere Varianten der Adressierung möglich.

Direktoperand: Befindet sich im Adreßteil der Instruktion nicht die Adresse des Operanden, sondern der Operand selbst, so spricht man von einem Direktoperanden.
Vorteil: — Operand benötigt keinen eigenen Speicherplatz,
             — kein Speicherzugriff während der Instruktionsausführung, daher schnell.
Nachteil: Die Länge des Operanden ist durch die Länge des Adreßteiles begrenzt.

Absolute Adressierung: Der Adreßteil enthält die effektive Adresse, daher kein Verschieben des Programmes und der Daten im Speicher ohne Änderung des Programmes möglich. Diese Art der Adressierung wird nur mehr bei Kleinanlagen angewendet.

Relative Adressierung: Die effektive Adresse setzt sich aus mehreren Komponenten zusammen, wie z.B.:
Basisadresse: gibt die Lage des Programmes (Anfangsadresse) im Speicher an.

Relative Adresse: gibt die Lage der Instruktionen oder der Daten innerhalb des Programmes an.

Es muß daher bei jedem Speicherzugriff erst die effektive Adresse errechnet werden.

Effektive Adresse = Basisadresse + relative Adresse

Die Basisadresse steht meist in einem dafür vorgesehenen Register, die relative Adresse (auch Distanzadresse genannt) im Adreßteil der Instruktion.

Vorteile der relativen Adressierung:
— Programme und Daten sind im Speicher verschiebbar, was besonders bei der gleichzeitigen Abarbeitung mehrerer Programme (*Mehrprogrammbetrieb*) wichtig ist. Daher wird insbesondere in größeren Anlagen diese Adressierungsart verwendet.
— Da die Distanzadresse die Lage innerhalb des Programmes angibt, findet man mit einem relativ kurzen Adreßteil in der Instruktion das Auslangen.

Nachteil: Es muß jedesmal die Adresse errechnet werden.

Weiters unterscheidet man zwischen *direkter* und *indirekter* Adressierung.

Direkte Adressierung: Adressteil enthält die — relative oder absolute — Adresse des Operanden bzw. der nächsten Instruktion bei einem Sprung.

Indirekte Adressierung: In diesem Fall erfolgt die Adressierung über einen Zwischenspeicher. Unter der im Adreßteil angegebenen Adresse (Speicherzelle od. Register) befindet sich nicht der Operand oder der angesprungene Befehl selbst, sondern dessen Adresse. Dadurch ist es möglich, Informationen zwischen zwei Programmen, deren relative Lage im Speicher zueinander variieren kann, auszutauschen, ohne die Programme selbst ändern zu müssen.

Beispiel: In 5.2.1 wurde beim Sprung in ein Unterprogramm gezeigt, daß die Verbindung zwischen dem Unterprogramm und dem aufrufenden Programm beispielsweise dadurch aufrecht bleibt, indem die Adresse der auf die Absprungstelle folgenden Speicherzelle (Rücksprungadresse) vor dem eigentlichen Sprung ins Unterprogramm automatisch (hardwaremäßig) am Beginn des Unterprogrammes abgespeichert wird. Der Sprung erfolgt in diesem Fall nicht auf die erste Speicherstelle des Unterprogrammes, sondern auf die zweite. Falls im Hauptprogramm vor dem Sprung in das Unterprogramm die Adresse der Argumente für das Unterprogramm in die auf die Absprungstelle folgende Speicherzelle des aufrufenden Programmes gespeichert wird, kann vom Unterprogramm

1) durch indirekte Adressierung zunächst auf die Adresse der Argumente und durch eine weitere indirekte Adressierung auf die Argumente selbst zugegriffen werden.

2) nach Erhöhung der Rücksprungadresse um 1 durch einen Sprung mit indirekter Adressierung ins aufrufende Programm zurückgesprungen werden.

Die Zurverfügungstellung der Adresse der Argumente in der auf die Absprungstelle folgende Speicherzelle muß vereinbart werden.

Da in modernen Anlagen sowohl direkte als auch indirekte Adressierung verwendet wird, muß ein Unterscheidungsmerkmal (z.B. im Adreßteil oder Operationscode) vorhanden sein.

Indizierung: Unter einem *Feld* versteht man eine Zusammenfassung von sinngemäß zusammengehörigen Daten gleichen Typs (Festpunkt- und Gleitpunktzahlen, alphanumerische Daten). Die Elemente eines Feldes tragen daher auch gleiche Namen, sie werden nur durch ganzzahlige Indizes unterschieden. Das i-te Element eines Feldes x ist x_i. Man spricht hier von einem eindimensionalen Feld (ein Index) oder *Vektor*. Felder werden auch als „*Indizierte Variablen*" bezeichnet.

Mit den Elementen solcher Felder werden in der Regel auch gleiche Operationen durchgeführt.

Soll z.B. aus den Körpergrößen g_i von n Individuen der Mittelwert

$$\bar{g} = \frac{1}{n} \sum_{i=1}^{n} x_i$$

gebildet werden, so ist zunächst die Summe über alle Elemente des Feldes zu berechnen. Um jedoch nicht n Additionsbefehle

$$ADD\ g_1$$
$$ADD\ g_2$$
$$ADD\ g_3$$
$$\cdot$$
$$\cdot$$
$$\cdot$$
$$ADD\ g_n$$

mit steigenden (oder fallenden) Adressen programmieren zu müssen, wird *ein* Additionsbefehl n mal ausgeführt, wobei der Adreßteil des Additionsbefehles vor oder nach jeder Ausführung *modifiziert* wird. Außerdem müssen die Additionen gezählt werden, um nach n Durchläufen abbrechen zu können.

Im folgenden wird anhand einer fiktiven Maschine gezeigt, wie die Adreßmodifikation durchgeführt werden kann. Die Maschine hat den in 5.2.1 gezeigten Aufbau. Unter anderem existieren folgende Instruktionen:

OT	AT	Beschreibung
LAD	X	Transportiere den Inhalt der Speicher-zelle X in den Akkumulator.
ADD	X	Addiere Inhalt der Speicherzelle X zum Inhalt des Akkumulators.
SPE	X	Speichere Inhalt des Akkumulators in die Speicherzelle X
SPR	X	Als nächste Instruktion führe die in der Speicherzelle X aus (unbedingter Sprung).
SPO	X	Falls Akkumulator 0 ist, führe als näch-ste Instruktion die in der Speicherzelle X aus. (Bedingter Sprung)
STP	nicht be-nützt	Stop

Beispiel: Es soll mit Hilfe obiger Instruktionen ein Programm für die Addition von n Zahlen geschrieben werden. Das Programm soll ab der Speicherzelle 100, die Daten ab der Speicherzelle 201 gespeichert werden. Alle Zahlen sind im Oktalsystem dargestellt.

Daten:	Speicheradresse	Operand
	200	g_1
	201	g_2
	.	.
	.	.
	.	.
	$200 + n - 1$	g_n

Programm:

Speicher-adresse	Instruktion	Bemerkung
100	LAD 115	Lade die Summe von 115 in den Akku (anfangs 0)
101	ADD 200	Addiere g_i
102	SPE 115	Speichere die Summe auf 115 zurück
103	LAD 116	Lade Zähler in den Akku
104	ADD 117	Addiere 1
105	SPE 116	Speichere Zähler zurück
106	ADD 120	Addiere Komplement von n
107	SPO 114	Springe nach 114, falls Akku $= 0$ (n mal durchlaufen)
110	LAD 101	Lade den Additionsbefehl von 101 in den Akku
111	ADD 117	Addiere 1 zum Adreßteil
112	SPE 101	Speichere Additionsbefehl zurück
113	SPR 100	Springe an den Anfang zurück
114	STP	Stop
115	00 ... 0	Summe (Anfangswert 0)
116	00 ... 0	Zähler (Anfangswert 0)
117	00 ... 1	Konstante 1
120	Komplement v. n	

Das Programmstück von 100 bis 113 wird insgesamt n mal durchlaufen und als *Schleife (loop)* bezeichnet.

Die drei Instruktionen 110 bis 112 führen die Adreßmodifikation durch.

Die fünf Instruktionen 103 bis 107 sind für die Zählung der Durchläufe (Additionen) und zur Abfrage zum Zweck des Abbruchs nach n Durchläufen (Schleife) notwendig. Durch Anwendung von Tricks könnte man diesen Programmteil auf drei Instruktionen reduzieren.

Die eigentliche Addition der Elemente des Feldes erfolgt durch die Instruktionen 100 bis 102. Die Zwischensumme muß nach jeder Addition abgespeichert werden, da der Akkumulator für die Adreßmodifikation und für die Schleife benötigt wird. Um die Programmierung zu vereinfachen und damit die Ausführungsgeschwindigkeit zu erhöhen, hat man für die Adreßmodifikation und die Schleifenprogrammierung eigene Hardware-Einrichtungen geschaffen.

Automatische Indizierung (indexing): Durch folgende konstruktive Maßnahmen könnte beispielsweise eine Indizierung erreicht werden:

1) Alle im Adreßteil verwendeten Adressen unter 17_8 werden definitionsgemäß zur indirekten Adressierung verwendet.
2) Die Inhalte dieser Speicherzellen werden um 1 erhöht, bevor sie als Adressen interpretiert werden. Diese Speicherplätze haben also die Funktion von
   Zählwerken.

Für die Programmierung der Schleife könnte man z.B. folgende *Schleifen-
Instruktion* definieren:

OT	AT
ZSO	X

Zähle und springe bei 0: Erhöhe den Inhalt der Speicherzelle um 1; falls Ergebnis = 0, überpsringe die nächste Instruktion.

Diese Instruktion ist eine bedingte Verzweigung. Will man eine Schleife n
mal durchlaufen, so muß die Speicherzelle x zu Beginn das Komplement von
n enthalten.

Nach n Erhöhungen um 1 wird die Zahl 0 erreicht und damit verzweigt

$$7 \ldots 77_8 + 1 = 0$$

Das Programm für die Addition von n Zahlen hätte dann etwa folgende Gestalt:

Daten: Speicheradresse	Operand
0	177 (Adresse des Feldes minus 1)
200	g_1
201	g_2
.	.
.	.
.	.
$200 + n - 1$	g_n

Programm:

Speicher adresse	Instruktion	Bemerkung
100	LAD 106	Setze Akkumulator 0
101	ADD 0	Addiere g_i (indirekt adressiert)
102	ZSO 107	Erhöhe Schleifenindex um 1. Überspringe nächste Instruktion, falls Ergebnis = 0 ist.
103	SPR 101	Springe nach 101
104	SPE 106	Speichere die Summe auf 106
105	STP	Stop
106	0 . . . 0	Summe (Anfangswert = 0)
107	Komplement von n	(Schleifenindex)

In der Speicherzelle 0 steht die Adresse des Feldes g, in diesem Fall 177_8.
Für die Indizierung werden in größeren Anlagen wegen ihrer höheren Geschwindigkeit meist Register verwendet.

Beispiel: IBM /370: Die effektive Adresse setzt sich aus 3 Komponenten zusammen:
Effektive Adresse = Basisadresse + Distanzadresse + Index
Basisadresse (Ladepunkt des Programmes im Speicher) und Index (Lage des Elementes innerhalb des Feldes) stehen im Register, die Distanzadresse (Position innerhalb des Programmes) im Adreßteil der Instruktion.

5.3 Unterbrechungssysteme (interrupt systems)

Während der Ausführung eines Programmes können jederzeit bestimmte Bedingungen, Ereignisse oder Zustände eintreten, die vom Programmierer nicht direkt vorhersehbar oder beeinflußbar sind, die aber unter Umständen sofortige Maßnahmen erfordern. Es sind dies z.B.:
– Auftreten eines Überlaufes bei einer *arithmetischen* Operation.
– Auftreten eines *Maschinenfehlers*, wie z.B. Paritätsprüfung im Speicher.
– *Zeitüberschreitung*; ein Programm hat das vorgegebene Zeitlimit überschritten.
– *Ein/Ausgabe*: Ein Übertragungsvorgang wurde normal oder abnormal (mit Fehler) beendet; ein Ein/Ausgabegerät ist nicht eingeschaltet usw.
Um die entsprechenden Maßnahmen durchführen bzw. einleiten zu können, soll der Prozessor „unterbrechbar" sein. Dies kann derart realisiert werden, daß bei Auftreten einer solchen Bedingung die laufende Operation beendet und in eine Unterbrechungsroutine verzweigt wird. Die Unterbrechungsrouti-

ne analysiert die Ursache der Unterbrechung aufgrund eines *Unterbrechungs-schlüssels* und setzt die notwendigen Maßnahmen wie z.B. Einleiten der nächsten anstehenden Ein/Ausgabe — wenn die Unterbrechung durch Beendigung der vorhergehenden verursacht wurde — oder Ausdrucken einer Meldung an den Programmierer über einen Überlauf usw. Anschließend wird wieder an den Ausgangspunkt des unterbrochenen Programmes zurückgesprungen, bzw. bei Fehler abgebrochen. Zu diesem Zweck muß wie bei einem Unterprogrammaufruf die Folgeadresse (Adresse des nächsten auszuführenden Befehles im unterbrochenen Programm) „aufbewahrt" werden. Eine Unterbrechung ist also *ein nicht vom Programm gesteuerter Sprung* in ein Unterprogramm.

Die Unterbrechung könnte hardwaremäßig etwa folgendermaßen realisiert werden:

Die Unterbrechung wird zunächst durch Setzen eines sogenannten Unterbrechungsbits angezeigt. Nach jedem Exekutionszyklus (vor dem nächsten Instruktionszyklus) wird dieses Bit abgefragt, falls es 1 ist, wird in eine Unterbrechungroutine verzweigt.

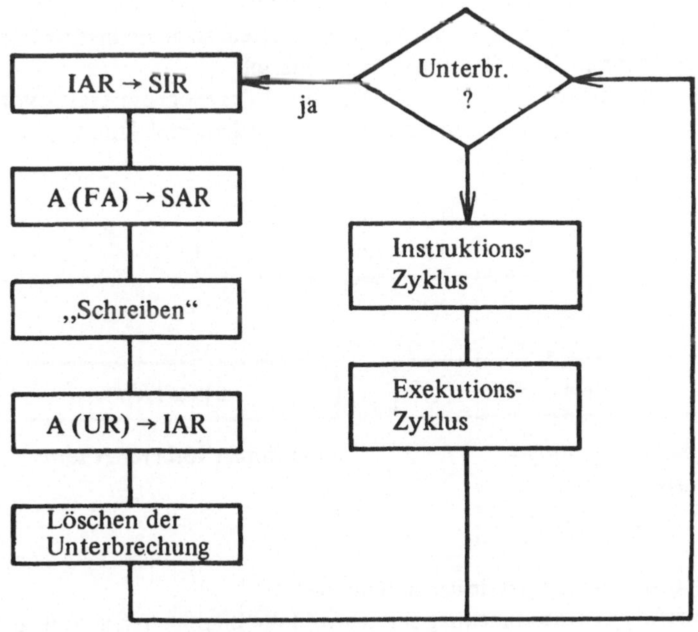

Abb. 5.13: Realisierung einer Unterbrechung

Die im Flußdiagramm gezeigten Einzelschnitte bedeuten:

1) Adresse der nächsten auszuführenden Instruktion (Folgeadresse) ins SIR.
2) Adresse der Speicherzelle, die die Folgeadresse aufnimmt, ins SAR. Diese Adresse wird im allgemeinen eine Konstante sein.
3) Speichern der Folgeadresse (Schreibzyklus).
4) Adresse der Unterbrechungsroutine ins IAR.
5) Löschen der Unterbrechungsanzeige, damit der nächste Instruktionszyklus eingeleitet werden kann.
6) Nächster Instruktionszyklus (Ausführen der Unterbrechungsroutine).

Während der Ausführung der Unterbrechungsroutine müssen weitere Unterbrechungen unterbunden werden. Alle während dieser Zeit auftretenden Unterbrechungen werden registriert und nach Verlassen der Unterbrechungsroutine der Reihe nach (oder nach bestimmten Prioritäten) behandelt.

Die Folgeadresse kann auch in einem eigens dafür vorgesehenen Register abgespeichert werden.

Beispiel: In der IBM /370 gibt es ein 64stelliges Register, das sogenannte *PROGRAM STATUS WORD* (PSW), das den jeweiligen Zustand der Maschine anzeigt. Dieses PSW enthält unter anderem auch die Instruktionsadresse (IAR) und den Unterbrechungsschlüssel.
Bei einer Unterbrechung findet ein Austausch des Programmstatuswortes statt, es wird zuerst das laufende PSW abgespeichert und dann das neue geladen.

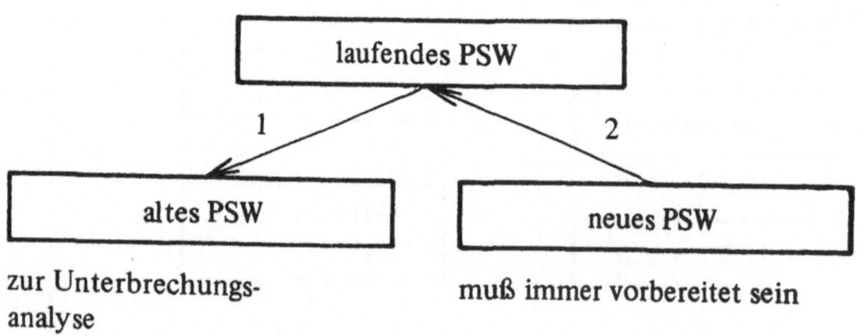

Das alte und neue PSW liegen im Speicher.
Nach erfolgter Unterbrechung sind sowohl die Einzelheiten über ihre Ursache als auch die Folgeadresse im alten PSW gespeichert.
Die Adresse der Unterbrechungsroutine steht im neuen PSW.

5.4 Ein/Ausgabesystem

5.4.1 Funktion, Informationsfluß

Alle Informationen müssen von irgendeinem externen Speichermedium (z.B. Lochkarte) letzten Endes dem Rechnerkern zur Verarbeitung zugeführt werden. Um den schnellen Rechnerkern möglichst optimal einzusetzen, ist ein rascher Zugriff zu den Einzelinformationen in beliebiger Reihenfolge erforderlich.

Zugriff zu den einzelnen Speicherzellen erlaubt aber nur der Zentralspeicher (im wesentlichen Magnetkern–, Flip-Flop- und Dünndrahtspeicher). Daher müssen alle Informationen (Daten und Programme) vor ihrer Verarbeitung in den Zentralspeicher.

Unter der Ein/Ausgabe versteht man die Übertragung der Informationen zwischen dem Speicherwerk und den peripheren Geräten.

Für die E/A stehen eigene E/A-Instruktionen zur Verfügung.

Vom Programmierer ist dabei anzugeben:

- *Übertragungswunsch*
  Eingabe: auch als „Lesen" (read) bezeichnet
  Übertragung Peripherie → Zentralspeicher
  Ausgabe: auch als „Schreiben" (write) bezeichnet
  Übertragung Zentralspeicher → Peripherie
  Testen: Anfrage über den momentanen Status eines Gerätes.
- *Woher, bzw. wohin soll übertragen werden?*
  Adressen im Hauptspeicher und Adresse des peripheren Gerätes
- *Wieviel*: Anzahl der Übertragungseinheiten (z.B. Wörter, Blocklänge).

Bei den Maschinen der 1. Generation wurde die Ein/Ausgabe noch von der Zentraleinheit (Rechnerkern) durchgeführt. Dies wäre heutzutage unwirtschaftlich, da bei den modernen Anlagen eine zu große Diskrepanz zwischen der Arbeitsgeschwindigkeit der Zentraleinheit und der peripheren Geräte besteht.

Beispiel: Das Einlesen einer Lochkarte dauert ca. 60 msek bei einer üblichen Geschwindikeit von 1000 K/min. Das ergibt ca. 1 msek/Zeichen. Das Abspeichern des bereits eingelesenen Zeichens in den Speicher dauert maximal 1 μsek. Selbst unter Berücksichtigung der übrigen mit der Eingabe zusammenhängenden Aktivitäten wie Entschlüsselung des Übertragungswunsches usw. käme man beim Kartenlesen auf eine Auslastung der CPU von etwa 0,1 %. Die übrigen 99,9 % der Zeit wartet sie auf die Übergabe des Zeichens durch den Kartenleser. Mit anderen Worten:
Da die heute üblichen Maschinen imstande sind, in der Sekunde ca. 10^6 Additionen und mehr auszuführen, könnten während des Einlesens eines

Zeichens (1msek) 1000 Additionen durchgeführt werden. Bei E/A-intensiven Programmen wäre also die CPU sehr schlecht ausgenützt.

5.4.2 Ein/Ausgabeprozessoren und Kanäle

Um den schnellen Rechnerkern nicht mit der langsamen E/A zu belasten, wird die E/A von eigenen E/A-Prozessoren oder Kanälen, unabhängig von der Tätigkeit des Rechnerkerns, durchgeführt (Arbeitsteilung).

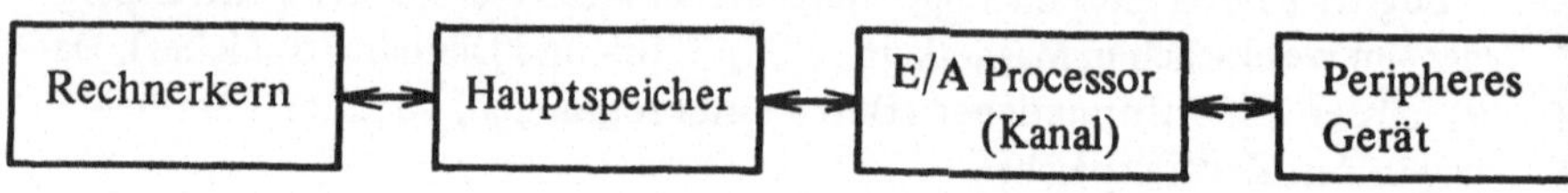

Der Unterschied zwischen E/A-Prozessoren und Kanälen ist kein prinzipieller. Erstere sind selbständiger, da sie meist mit einem eigenen Speicher ausgestattet und programmierbar sind.

Die E/A wird vom Programm her durch eine E/A-Instruktion angestoßen, alles andere führt der E/A-Prozessor oder der Kanal unabhängig vom Rechnerkern durch, so daß dieser für andere Aufgaben frei bleibt. So kann er z.B. bereits früher eingelesene Daten verarbeiten und die Ausgabe der Ergebnisse veranlassen.

Der E/A-Prozessor hat im wesentlichen folgende Funktionen zu erfüllen:
- Entschlüsselung des Übertragungswunsches (Lesen, Schreiben etc)
- Abstimmung der unterschiedlichen Arbeitsgeschwindigkeiten der CPU und der externen Geräte aufeinander
- Überführung der unterschiedlichen Transporteinheiten ineinander (z.B. Zerlegung eines Wortes in mehrere Zeichen)
- Hochzählen der Adressen bei Übertragung mehrerer Worte
- Überprüfung des korrekten Ablaufes der Übertragung (u.a. Codesicherung)
- Meldung des erfolgreichen oder fehlerhaften Abschlusses der Übertragung an den Rechner (Unterbrechung).

Falls keine E/A-Prozessoren, sondern nur Kanäle verwendet werden, muß einen Teil der oben angeführten Funktionen die CPU übernehmen. Falls beides vorhanden ist, werden die Funktionen entsprechend aufgeteilt. Die Übertragungsrate eines Kanals ist in der Größenordnung von einer Million Byte pro Sekunde.

Ganz allgemein unterscheidet man in der Nachrichtentechnik:

Simplexkanal: Nachrichten können nur in einer Richtung übertragen werden. Z.B. Rundfunk, Richtfunk.

Duplexkanal: Übertragung in beiden Richtungen gleichzeitig möglich. Z.B. Telefon.

Halbduplexkanal: Übertragung in beiden Richtungen, aber nicht gleichzeitig
   möglich. Z.B. Fernschreiber.

Multiplexkanal: Übertragungseinrichtung, die mehrere Nachrichten gleichzeitig in beiden Richtungen übertragen kann.

In der EDV unterscheidet man je nach der Anzahl der angeschlossenen Geräte, die gleichzeitig bedient werden können, zwischen *Selektorkanal* und
Multiplexkanal.

Selektorkanal: Es kann zu einer Zeit nur ein Gerät bedient werden. Obwohl
   mehrere Geräte physisch angeschlossen sein können, wird immer nur ein
   Gerät logisch angeschaltet. Man nennt diese Betriebsart „*Einpunktbetrieb*"
   (burst mode). Sie wird vorwiegend bei schnellen externen Geräten angewendet wie Magnetbandspeicher und Magnetplattenspeicher. Die Übertragung erfolgt in Blöcken von bis zu mehreren tausend Zeichen. Die Arbeitsweise entspricht einem Halbduplexkanal.

Multiplexkanal: Dieser gestattet es, Daten von und zu mehreren E/A-Geräten
   ineinander verzahnt zu übertragen, so daß die Übertragung scheinbar gleichzeitig erfolgt. Diese Betriebsart wird als „*Mehrpunktbetrieb*" (multiplex
   mode) bezeichnet. Die Übertragung erfolgt meist zeichenweise. Da die Papierperipherie (Kartenleser/Stanzer, Lochstreifenleser/ Stanzer, Drucker)
   im Verhältnis zu dem mit elektronischer Geschwindigkeit arbeitenden
   Kanal um Größenordnungen langsamer ist, wird diese meist an einen Multiplexkanal angeschlossen.

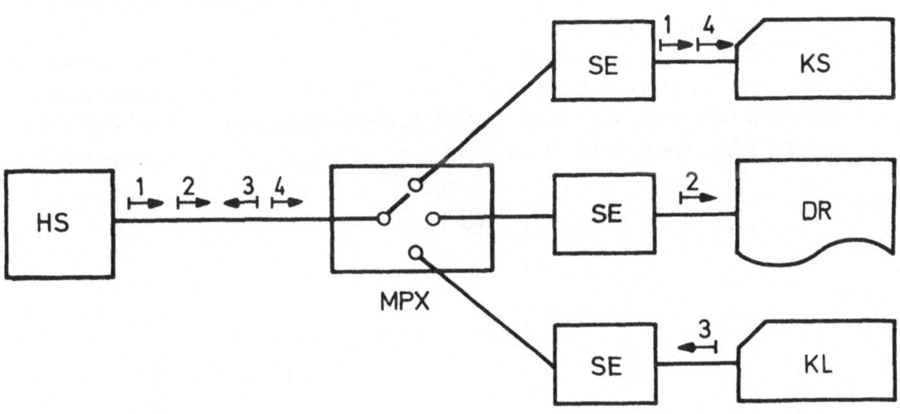

Abb. 5.14: Arbeitsweise eines Multiplexkanals

HS: Hauptspeicher;   MPX: Multiplexkanal;   SE: Steuereinheit;
KS: Kartenstanzer;   DR: Drucker;   KL: Kartenleser.

Abb. 5.15 zeigt den Übertragungsweg, den die Daten bei der Ein/Ausgabe passieren.

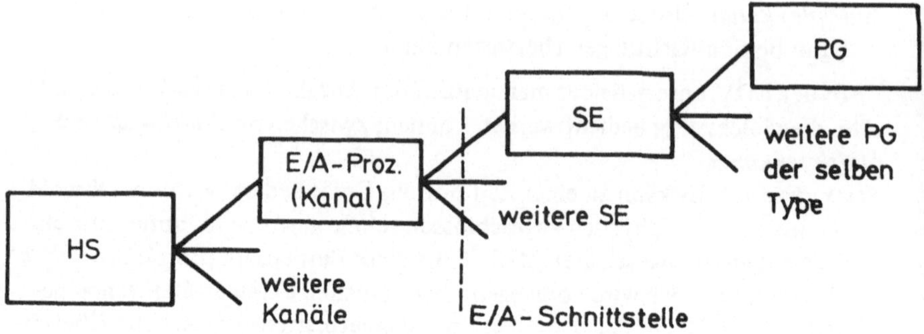

Abb. 5.15: Informationsfluß bei der Ein/Ausgabe; PG: Peripheres Gerät

Die *Steuereinheit* dient zur Steuerung der mechanischen Funktionen des E/A-Gerätes, sowie zur Übertragung und Prüfung der Daten. Steuerfunktionen sind z.B.: *Bandrückspulen* beim Magnetbandspeicher, *Kammpositionieren* beim Plattenspeicher, *Zeilenvorschub* beim Drucker, *Umschalten* von Groß- auf Kleinbuchstaben und umgekehrt bei Fernschreibern.

Bis zur E/A-Schnittstelle (interface) sind die Datenformate einheitlich. Erst die Steuereinheit erzeugt die für das E/A-Gerät spezifische Signalfolge. Diese Schnittstelle bildet meist auch die physische Trennung zwischen Peripherie und Zentraleinheit.

Der Prozessor kann in eine Wartesituation kommen, wenn z.B. die Eingabe benötigter Daten noch nicht abgeschlossen ist. Am Ende des Übertragungsvorganges wird der Wartezustand der CPU unterbrochen, um an dem Programm, das die E/A veranlaßt hat, weiter arbeiten zu können (E/A-Unterbrechung).

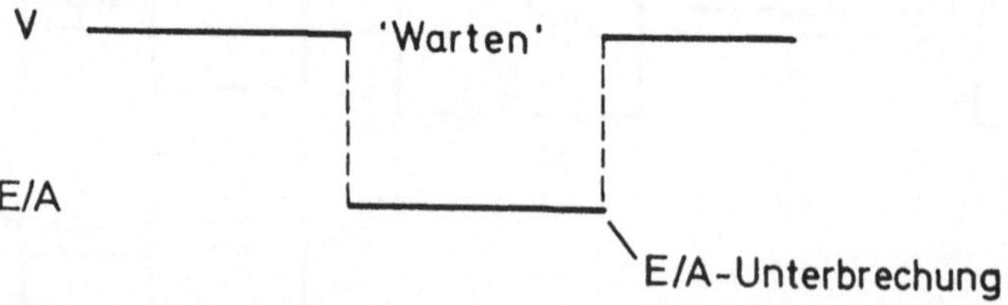

Die Wartezeiten des Prozessors können durch programmtechnische Maßnahmen verringert werden.

Beispiel: Es sollen Daten blockweise in einen Eingabebereich EB eingelesen (z.B. vom Kartenleser), verarbeitet (V) und die Ergebnisse in einen Ausgabebereich AB gespeichert und von dort ausgegeben werden (z.B. auf den Drucker). Dieser Verarbeitungszyklus kann sich beliebig oft wiederholen.

Der zeitliche Ablauf wäre dann folgender:

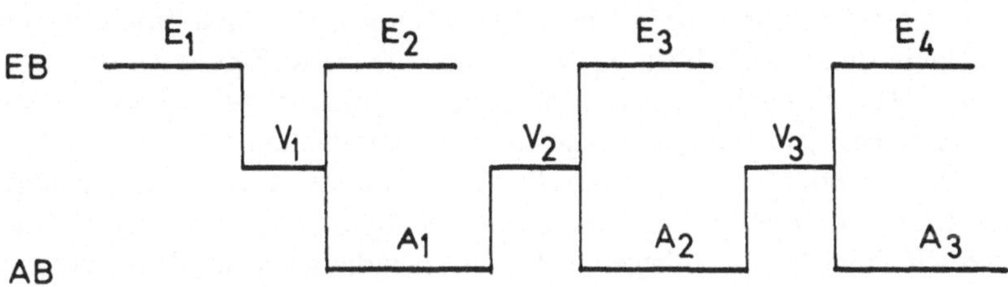

Abb. 5.16: Einfache Pufferung der Ein/Ausgabe

In der Verarbeitungsphase V_i werden die Daten vom Eingabebereich weg verarbeitet und die Ergebnisse in den Ausgabebereich gespeichert. Während dieser Zeit ist also keine Ein- und Ausgabe möglich. Erst wenn die Verarbeitung V_i beendet ist, kann mit der Ausgabe A_i begonnen werden. Gleichzeitig kann aber schon mit der Eingabe E_{i+1} des nächsten Blocks begonnen werden. Die Verarbeitung V_{i+1} kann erst beginnen, wenn sowohl die Eingabe E_{i+1}, als auch die Ausgabe A_i beendet sind.

Stehen für die Ein- und Ausgabe je zwei Bereiche zur Verfügung, so kann die Verarbeitung und die Ein/Ausgabe überlappt durchgeführt werden, wodurch sich die Gesamt-Bearbeitungszeit wesentlich verkürzt.

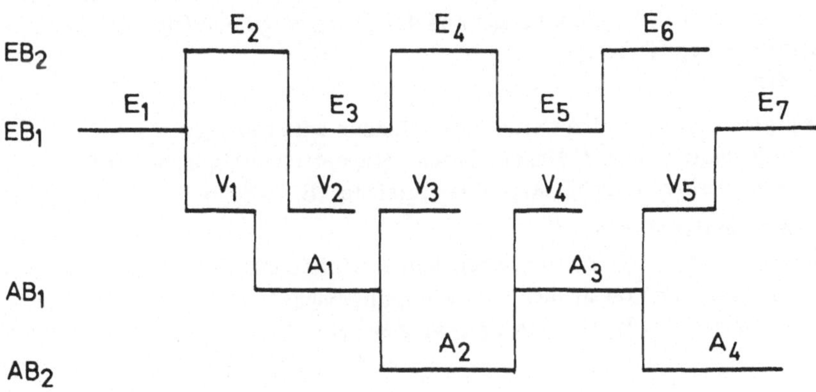

Abb. 5.17: Doppelte Pufferung der Ein/Ausgabe

Die Ausgabe A_{i-1} und die Eingabe E_{i+1} kann mit der Verarbeitung V_i zeitlich überlappt werden.

Diese Vorgangsweise nennt man „*Pufferung*" der E/A. Die E/A-Bereiche werden als *Puffer* bezeichnet. Aus dem letzten Diagramm ist zu ersehen, daß eine weitere Verbesserung in diesem Beispiel nur mehr durch Erhöhung der Druckerleistung möglich ist, da die Ausgabe die meiste Zeit in Anspruch nimmt. Man wird daher trachten, die Ausgabe zunächst auf einen schnelleren Zwischenspeicher (z.B. Platte) und erst dann auf den Drucker durchzuführen. Die verbleibenden Wartezeiten des Prozessors können auch dadurch genützt werden, daß während dieser Zeit an einem anderen Programm, das zu diesem Zweck im Speicher bereitliegen muß, weitergearbeitet wird (Mehrprogrammbetrieb).

Eine E/A-Unterbrechung gibt es auch bei Auftreten von Fehlern oder Zuständen wie z.B. Bandende beim Magnetbandspeicher, Formularende beim Drucker, leeres Kartenmagazin beim Kartenleser/Stanzer usw., die eine Meldung an den Bediener der Anlage bewirkt, damit die entsprechenden Maßnahmen getroffen werden können. Nach Durchführung dieser Maßnahmen, z. B. Einlegen eines neuen Formulars beim Drucker, gibt es wieder eine E/A-Unterbrechung, so daß der Fortgang der Übertragung veranlaßt werden kann.

5.5 Periphere Geräte

Alle Geräte, die an die Zentraleinheit angeschlossen, aber physisch nicht in diese integriert sind, fallen unter den Sammelbegriff „Peripherie". Bei den peripheren Geräten erfolgt die Speicherung und der Zugriff zu den Daten in der Regel durch einen mechanischen Bewegungsvorgang[5]). Deshalb sind diese Geräte aufgrund der Massenträgheit langsamer und durch den Verschleiß der mechanischen Teile störanfälliger und damit wartungsbedürftiger als die elektronischen Geräte.

Man spricht hier von einem

bewegten Zugriff, wobei weiter unterschieden wird zwischen
   rotierendem Zugriff: Magnetplatten-, Magnettrommelspeicher und
   sequentiellem Zugriff: Magnetbandspeicher, E/A-Geräte

Weitere Begriffe sind:
Zugriffsverzögerung: Zeit zwischen dem Auftreten eines Übertragungswunsches und dem tatsächlichen Übertragungsbeginn.
Transporteinheit: Wort, Byte, Sprosse, Zeichen

---

[5]) Ausnahmen bilden der Massenkernspeicher und der Massenhalbleiterspeicher.

Übertragungseinheit: Menge der Transporteinheiten, die bei einem physikalischen Übertragungsvorgang übertragen werden. (z.B. Lochkarte, Zeile,
Block usw).
Übertragungsgeschwindigkeit: Anzahl der Transporteinheiten pro Zeiteinheit,
(z.B. Zeichen/sek)

5.5.1 Ein/Ausgabegeräte (input/output units)

Ein/Ausgabegeräte dienen dem Verkehr des Rechensystems mit der Außenwelt. Sie sind die Schnittstelle zwischen Mensch und Maschine. Geräte, die als
Datenträger Papier in irgendeiner Form (Lochkarten, Lochstreifen, Formulare
etc) verwenden, bezeichnet man auch als *Papierperipherie*. Sie sind außer den
Tastaturen die langsamsten Geräte. Eingabedaten sind vielfach noch in für
Menschen leserlicher Form auf einem für die Maschine lesbaren Datenträger
(z.B. Lochkarten, Formulare für Klarschriftleser) und werden erst nach der
Eingabe in die maschineninterne Darstellung umcodiert. Ausgabedaten werden
in Klarschrift meist ebenfalls auf Papier ausgegeben.

5.5.1.1 Eingabegeräte

Als Datenträger dient meist Papier. Lochstreifen und Lochkarten sind die
ältesten in der EDV verwendeten Datenträger. Die Lochkarte hat das Format
einer 1-Dollarnote aus dem Jahre 1890. Die Abmessungen sind $187,32 \times 82,55$ mm. Die Spezifikationen sind in der DIN 66018 festgelegt. (siehe Abb.
5.18).

Die Lochkarte wurde von Hollerith für die Erfassung statistischer Daten bei
der amerikanischen Volkszählung 1890 erstmals eingeführt.

Lochkartenarten: Je nach Anwendung kann die Lochkarte nach Form und
Aufdruck verschieden gestaltet sein z.B.:
Ziffernlochkarte: Diese trägt nur den Aufdruck der zehn Ziffern 0 bis 9
in den entsprechenden Zeilen. Sie wird auch als Normallochkarte bezeichnet. Diese Lochkarte dient lediglich als Informationsträger zum maschinellen Verarbeiten (Lochkartencode siehe Abb. 5.19).
Verbundlochkarte: Diese Lochkarte ist mit Feldbegrenzungen und erläuterndem Text bedruckt. Die Verbundlochkarte gilt auch als Beleg (z.B.
Einzahlungslochkarten der Postsparkasse).

Lochkartenleser (card reader): Von einem Kartenmagazin werden die Lochkarten der Lesestation zugeführt und anschließend in einem Ablagemagazin

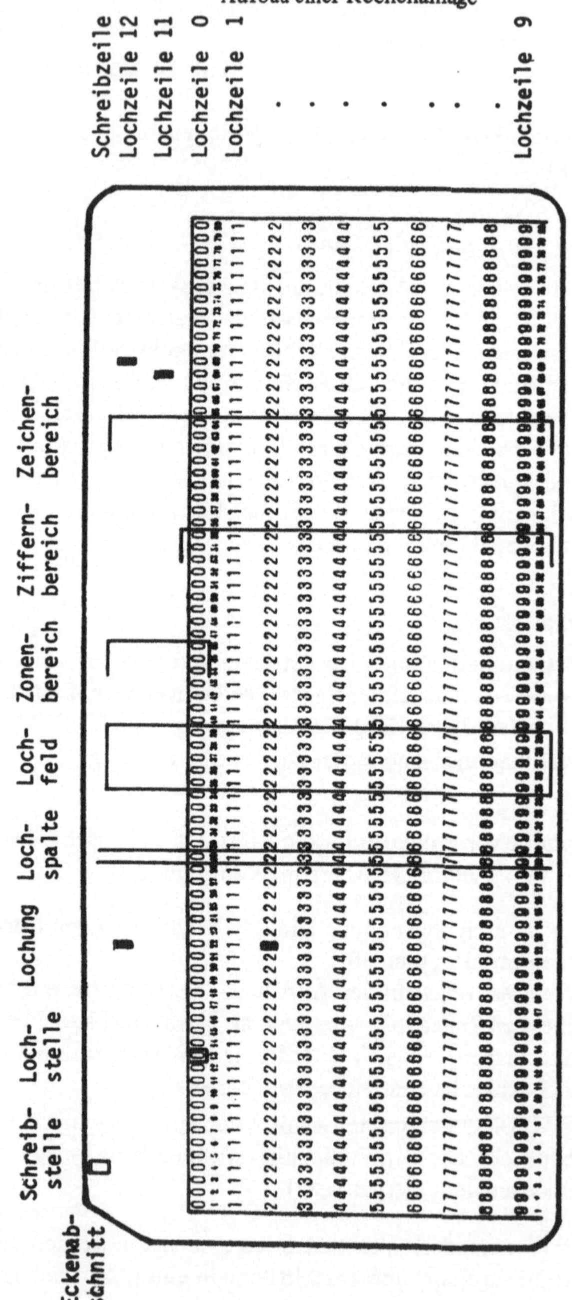

Abb. 5.18: Begriffe der Lochkarte

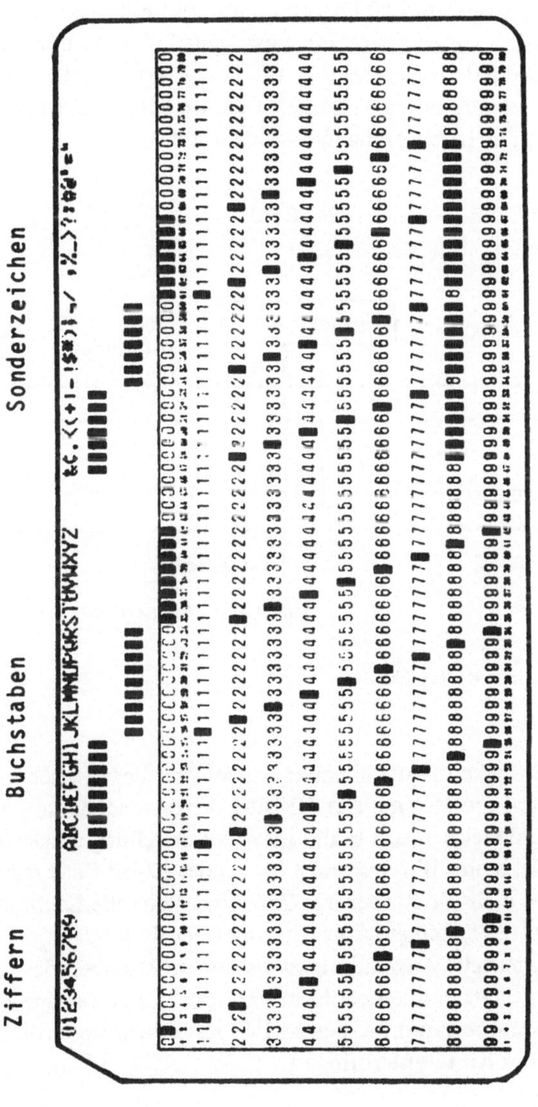

Abb. 5.19: Lochkarten-Code (auf einer Ziffernlochkarte)

abgelegt. In der Regel werden die Lochkarten spaltenweise gelesen. In diesem
Fall enthält die Lesestation 12 Fotodioden (eine Fotozelle pro Zeile). Bei Le-
sern, die zeilenweise lesen, sind 80 Fotodioden notwendig, lesen aber wesentlich schneller. Im allgemeinen besitzt ein Leser eine 2. Lesestation (Kontroll-
station), um vor Lesefehlern zu schützen. Die Daten werden zweimal gelesen,
verglichen, bei Übereinstimmung weitergegeben. Im Fehlerfall erfolgt eine
Lesefehlermeldung, der Lesevorgang muß wiederholt werden.

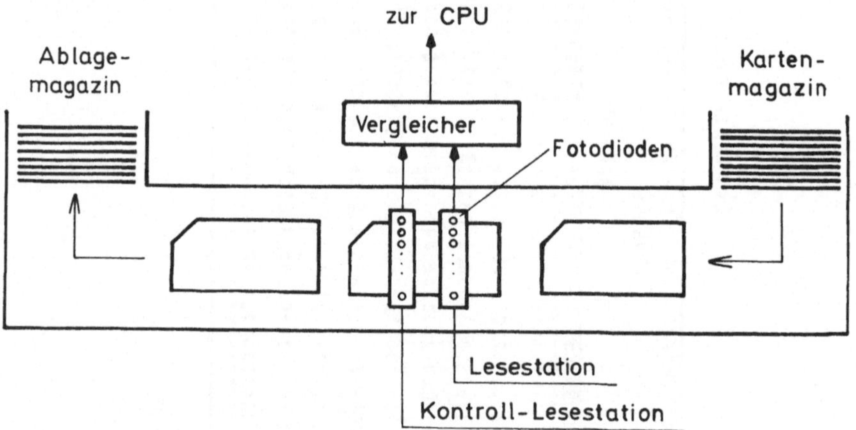

Abb. 5.20: Funktion eines Kartenlesers

Die Lesegeschwindigkeit heute üblicher Kartenleser liegt zwischen 600
und 2000 Lochkarten pro Minute. Der 12-Bit-Lochkartencode (alle Lochstel-
len einer Spalte) wird elektronisch in die interne Darstellung umgesetzt, z.B.
in den 8-bit-EBCDIC beim IBM System/370. Da der 12-Bit-Code 4096 Kombinationen zuläßt, der 8-Bit-Code aber nur 256, sind nicht alle Lochkartenkom-
binationen zulässig (*Gültigkeitsprüfung* aufgrund der Redundanz).

Es gibt aber für spezielle Anwendungen wahlweise Zusatzeinrichtungen für
Kartenleser, die es gestatten, die Lochkombinationen ohne Umsetzung abzu-
lesen (Binärkartenverarbeitung). In diesem Fall lassen sich wesentlich mehr Informationen auf einer Karte unterbringen.

Lochstreifenleser (paper tape reader): Die Länge des Lochstreifens ist nur
durch die Aufnahmekapazität der Rollen begrenzt. Es werden 5-, 6-, 7- und
8-Kanal Lochstreifen verwendet.

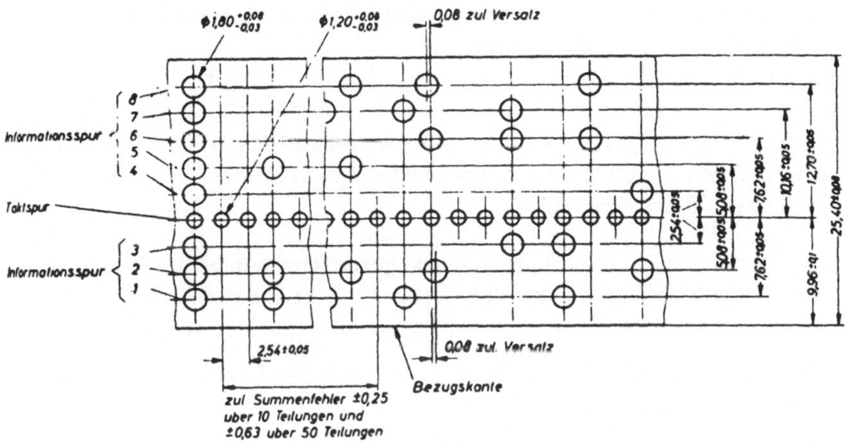

Abb. 5.21: 8-Kanal-Lochstreifen
Breite der Lochstreifen: 5-Kanal: 17,4 mm ([11]/16 Zoll)
6, 7 u. 8-Kanal: 25,4 mm (1 Zoll)

Nähere Spezifikationen sind der DIN 66 016 zu entnehmen. Beim 8-Kanal-Lochstreifen dient der 8. Kanal in der Regel für die Paritätsprüfung (gerade).

Der in 1.4 erwähnte ISO-Code kann für den 8-Kanal-Streifen angewendet werden. Die Bit-Positionen b1, ..., b7 des ISO-Codes entsprechen den Informationsspuren 1 bis 7 auf dem Lochstreifen.
Eine Untermenge des ISO-Codes von 50 Zeichen wird für die numerische Steuerung von Arbeitsmaschinen verwendet (DIN 66 024).

Beim Lochstreifenleser werden die Informationen entweder mechanisch (Kontakte) oder photoelektrisch abgetastet und zwar zeichenweise (1 Zeichen = alle übereinander liegenden Bits).

Geschwindigkeiten bei photoelektrischer Abtastung: 400 – 1500 Zeichen/sek.

Vorteile gegenüber der Lochkarte:

– zusammenhängend (kein versehentliches Mischen)
– größere Packungsdichte
– unempfindlich
– billig

Nachteile:

- nicht beschriftet (lesen schwierig), daher nicht als Beleg verwendbar
- Fehlerkorrektur schwierig (kleben)
- Sortieren nicht möglich.

Falls in einer Spalte alle Lochpositionen gelocht sind, wird dieses Zeichen übersprungen (delete). Diese Tatsache wird zur Korrektur von Fehlern während des Lochens benützt.

Klarschriftleser: Diese Einrichtungen gestatten das maschinelle Lesen von visuell erkennbaren (von Menschen lesbaren) Schriftzeichen. Man bedient sich dabei verschiedener physikalischer Eigenschaften der Datenträger:

elektrisch: die Druckfarbe ist elektrisch leitend. Das Lesen erfolgt durch mechanische Abtastung (Kontakte).

magnetisch: *Magnetschriftleser (magnetic character reader)* Die Druckfarbe enthält magnetisierbares Material.

Beispiel: Schrift CMC 7 (DIN 66 007): Sie besteht aus einem Satz von stilisierten Ziffern, Buchstaben und Sonderzeichen. Es werden beim maschinellen Lesen die magnetischen Eigenschaften der Schriftzeichen und ihrer nächsten Umgebung ausgenützt.
Der Zeichenvorrat umfaßt 41 Schriftzeichen, jedes Zeichen besteht aus 7 durchgehenden oder unterbrochenen vertikalen Strichen und deren Strichzwischenräumen, die zwei verschiedene Breiten haben. Der zum maschinellen Erkennen des Zeichens dienende Code besteht aus der Kombination von schmalen und breiten Strichzwischenräumen. Die vertikalen Strichelemente sind dabei so angeordnet, daß das dem jeweiligen Code entsprechende Schriftzeichen auch visuell erkennbar ist. Die Lesegeschwindigkeiten liegen zwischen 500 und 1500 Belegen/min.

optisch: optische Klarschriftleser (optical character reader).

Beispiel: Schrift A (DIN 66 008): Bei dieser Schrift werden zum maschinellen Lesen die optischen Eigenschaften der Schriftzeichen und ihrer nächsten Umgebung ausgenützt.
Es handelt sich um eine genormte Schrift, die Zeichen haben eine bestimmte Form. Der Zeichenvorrat umfaßt 47 Zeichen. Es gibt 4 Schriftgrößen, und zwar: 2.4, 2.84, 3.2 und 3.8 mm. Diese Schrift ist das Ergebnis einer internationalen Gemeinschaftsarbeit im Rahmen der ISO (*Alphanumerische Zeichenvorräte für die optische Zeichenerkennung*).

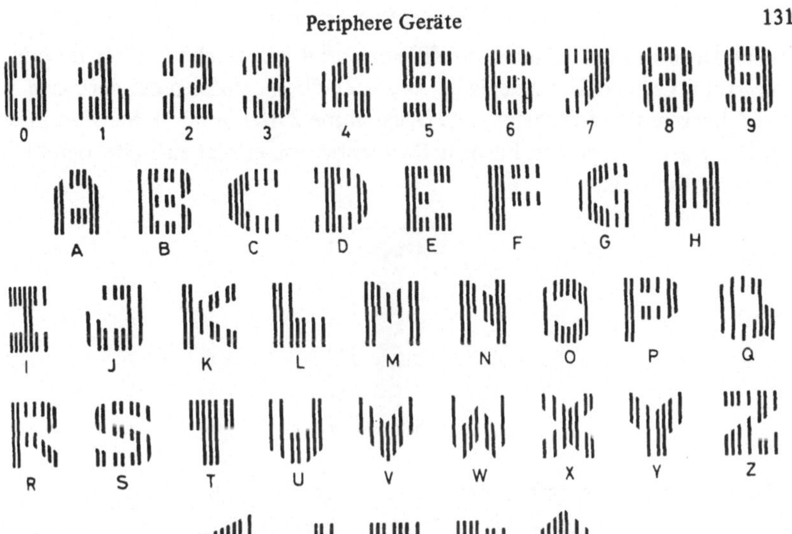

Abb. 5.22: Zeichengestalt der CMC 7

Abb. 5.23: Schrift A

Eine Untermenge, nämlich die Ziffern und 4 Hilfszeichen, ist für möglichst einfache Leseverfahren geeignet. Diese Zeichen enthalten nur vertikale und horizontale Strichelemente (Ausnahme Ziffer 5und 7). Sie sind in ein 5 × 9 Raster eingefügt. Für jede Rasterposition erfolgt eine photoelektrische Abfühlung.

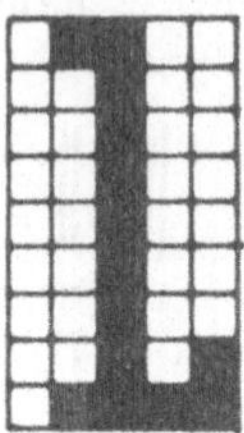

Neben den Eigenschaften des Zeichenträgers sind für die Erkennbarkeit der Schriftzeichen die Eigenschaften des gedruckten Zeichens (die Druckqualität) wesentlich.

Belegleser: Der Abstand des Abtastkopfes gegenüber einer Bezugskante eines Zeichenträgers wird für einen Durchlauf fest eingestellt. Damit ist die Lage des Abtastbereiches auf dem Zeichenträger festgelegt.
Geschwindigkeit: ca. 30.000 – 120.000 Belege/Std. (etwa 900 – 3250 Zeichen/Sekunde).

Seitenleser: Die Lage der zu lesenden Zeichen auf dem Zeichenträger (Papier) wird durch Programm oder selbstsuchend gefunden. Neuerdings gibt es Seitenleser, die den verschiedensten Schrifttypen und Größen angepaßt werden können. Das Zeichenfeld wird in ein Raster eingeteilt, das zugehörige Schriftbild ist für jedes Zeichen gespeichert. Nach dem Lesen wird der Ist-Raster mit dem Soll-Raster verglichen. Der Grad der Übereinstimmung kann vielfach je nach geforderter Sicherheit vorgegeben werden.

Mehrfunktionsleser: Diese sind mit verschiedenen Lesevorrichtungen ausgerüstet und können sämtliche Belegarten verarbeiten. Es gibt auch welche, die einzelne handschriftliche Zeichen lesen können.

Zu erwähnen wäre auch noch der *Markierungsleser*: In den Belegen können an vorgeschriebenen Positionen Strichmarkierungen angebracht werden, die vom Markierungsleser mit einer Geschwindigkeit von 200 bis 400 Belegen/min interpretiert werden. Die optischen Klarschriftleser sind, begünstig durch die in letzter Zeit erfolgte technische Verbesserung und Kostensenkung, stark im Kommen, da sie die Eingabe der Daten sozusagen vom Urbeleg (ohne Umweg über die Datenerfassung für EDV-spezifische Datenträger), gestatten.

5.5.1.2 *Ausgabegeräte*

Lochkartenstanzer (card punch): Diese werden dann verwendet, wenn die Ausgabedaten maschinell weiterverarbeitet werden. Stanzen ist ein mechanischer Vorgang; die Karte muß an jeder Spalte abgestoppt werden. Daher ist die Geschwindigkeit sehr gering. (Zwischen 100 und 400 Lochkarten/min.). Gestanzt wird meist spaltenweise (12 Stempel) aber auch zeilenweise (80 Stempel). Ganz schnelle Stanzer haben gar 80 × 12 Stempel.

Lochstreifenstanzer (tape punch): Stanzgeschwindigkeiten bis zu 150 Zeichen/sek.

Schnelldrucker (Zeilendrucker, line printer): Der Schnelldrucker oder kurz Drucker genannt, ist *das* Ausgabegerät schlechthin, da es die Ergebnisse in der dem Menschen geläufigsten Form, nämlich in Klarschrift auf dem Formular, ausgibt. Die Ausgabe erfolgt dabei zeilenweise auf normalem Endlospapier.

Der Papiervorschub kann durch einen Vorschublochstreifen und vom Programm gesteuert werden. Man unterscheidet zwischen Trommeldrucker und Kettendrucker.

Trommeldrucker: Für jede Druckstelle gibt es ein Typenrad mit dem vollen Zeichensatz. Der Druckhammer schlägt gegen das Papier, wenn die an der betreffenden Stelle zu druckende Type sich gerade vor dem Papier befindet.

In der Regel sind 64 Zeichen auf dem Trommelumfang angeordnet. Wenn ausschließlich numerische Daten ausgegeben werden sollen, genügt ein Zeichenvorrat von 16 Zeichen für Ziffern und Sonderzeichen. Diese können viermal auf dem Trommelumfang aufgebracht werden, so daß eine viermal so große Geschwindigkeit erreicht wird. Die Drehzahl der Trommel liegt bei 700 U/min, die Druckleistung je nach Zeichenvorrat zwischen 700 und 2000 Zeilen/min.

Kettendrucker: Sie verwenden schnell horizontal umlaufende Ketten als Typenträger, ansonsten ist der Aufbau ähnlich dem Trommeldrucker. Die Druckgeschwindigkeit liegt zwischen 600 und 2000 Zeilen/min.

Die Anzahl der Druckstellen pro Zeile ist bei beiden Typen meist 132. Schnelldrucker können bei Verwendung von Mehrfachpapier bis zu 5 Durchschläge liefern, was besonders bei der kommerziellen Datenverarbeitung vorteilhaft ist. Dies wird durch dazwischenliegendes Kohlepapier oder durch sogenanntes actionpaper[6]) erreicht.

---

[6]) Bei diesem Papier ist die Druckfarbe in kleinen Tröpfchen im Papier eingeschlossen. Durch den mechanischen Druck platzen die Zellen und die Druckfarbe tritt an die Oberfläche.

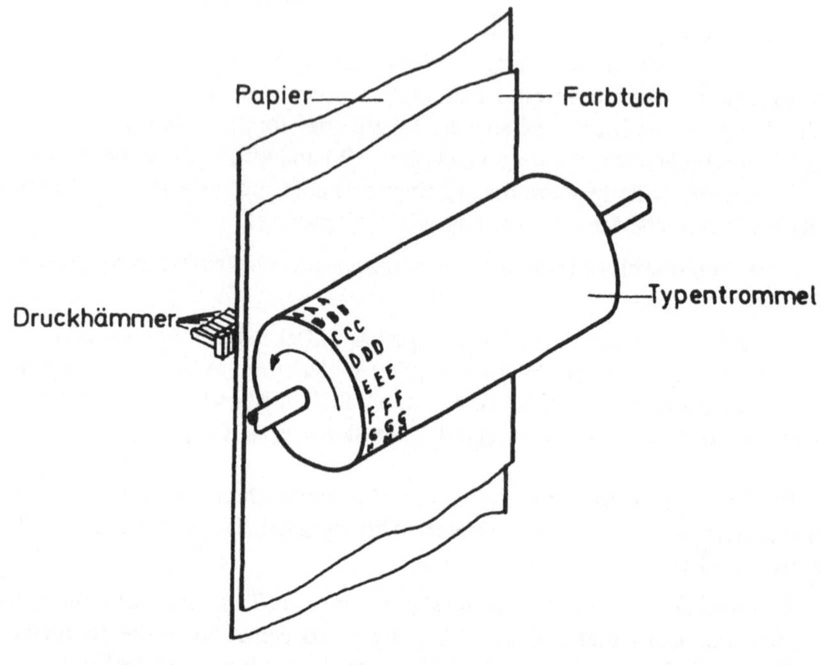

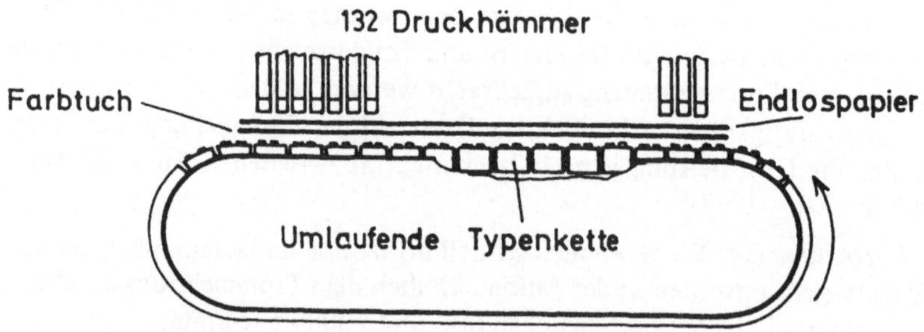

Abb. 5.24: Funktionsweise von Trommel- und Kettendruckern.

Die Kettendrucker haben gegenüber den Trommeldruckern den Vorteil, daß durch die horizontal umlaufende Kette nie Unregelmäßigkeiten in der Zeilenführung auftreten können, worauf das Auge besonders empfindlich ist.

Neben den Schnelldruckern sind auch noch die normalen Typenhebeldrukker (Seriendrucker im Gegensatz zu den Paralleldruckern oder Schnelldruckern) im Einsatz. Es handelt sich hier hauptsächlich um die *elektrische Schreibmaschine* und den Fernschreiber. Die Geschwindigkeiten liegen zwischen 10 und 30 Zeichen/sek.

Matrixdrucker: Die Schriftzeichen werden durch einen Punktraster (Matrix) gebildet. Jedem Punkt ist ein Drahtstift zugeordnet. Je nach Schriftzeichen werden die entsprechenden Drahtstifte ausgewählt und gegen das Formular (mit Farbband) gedrückt.
Geschwindigkeit: bis etwa 100 Zeichen/sek.

Thermodrucker: Wie beim Matrixdrucker wird das Schriftzeichen durch einen Punktraster dargestellt. Anstelle der Drahtstifte befinden sich auf einem Plättchen an den Rasterstellen Thermoelemente, die durch Stromimpulse innerhalb kürzester Zeit erwärmt werden können. Gegenüber diesem Plättchen befindet sich ein wärmeempfindliches Papier, das an jenen Stellen geschwärzt wird, deren zugeordnete Thermoelemente durch den Stromimpuls erwärmt werden.
Vorteil: völlig geräuschlos, da kein mechanischer Druckvorgang.

Nachteil: Spezialpapier notwendig.

Seitendrucker: Bei diesem werden Verfahren ähnlich denen in der Kopiertechnik angewendet. Es wird seitenweise gedruckt, wodurch sehr hohe Geschwindigkeiten erreicht werden.

Computer-Output-Mikrofilm-Verfahren (COM): Bei diesem Verfahren erfolgt die Ausgabe direkt auf Mikrofilm. Die Geschwindigkeit ist wesentlich höher als bei der Ausgabe auf Papier; der Raumbedarf zum Aufbewahren sinkt auf ca. 2 Promille. Schließlich sind auch die wesentlich geringeren Kosten des Mikrofilms gegenüber Papier maßgebend für den in letzter Zeit immer häufiger werdenden Einsatz von COM.

5.5.2 Hintergrundspeicher (Externspeicher, Hilfsspeicher, Massenspeicher, mass storage)

Externspeicher dienen folgenden Zwecken:
- Die Zwischenspeicherung (Pufferung) umfangreicher Datenbestände, um den Hauptspeicher zu entlasten.
- Aufnahme von Programmen, die im Arbeitsspeicher nicht ständig benötigt werden (Bibliotheken)
- Speicherung von Datenbeständen und Programmen über einen größeren Zeitraum (Archivierung).

In 5.4 wurde gezeigt, daß durch die mehrfache Pufferung der Ein/Ausgabe die Wartezeiten des Rechnerkerns reduziert werden können. Eine weitere Verbesserung wird dadurch erreicht, daß die Informationen nicht erst unmittelbar bei Bedarf von den langsamen E/A-Geräten in den Hauptspeicher gelesen werden und dadurch den Rechner blockieren, sondern vorher in einen schnellen Zwischenspeicher gebracht werden, von wo sie bei Bedarf mit wesentlich höherer Übertragungsgeschwindigkeit abgerufen werden können. Bei der Ausgabe verfährt man umgekehrt. Die Übertragung der Daten zwischen den E/A-Geräten und dem Hintergrundspeicher kann zu Zeiten erfolgen, in denen das E/A-System weniger belastet ist. Auch in diesem Fall spricht man von einer Pufferung, wobei als Puffer nicht der kostspielige Hauptspeicher, sondern der wesentlich billigere Massenspeicher dient.

Merkmale externer Speicher:
— Magnetische Aufzeichnung, daher sind Datenträger wiederholt verwendbar.
— Große Kapazität (bis über 300 Mio. Zeichen pro Speichereinheit)
— Zugriffszeit zwischen 10 und einigen hundert msek.
— Zugriffsart: sequentiell oder wahlfrei
— Datenträger sind meist auswechselbar
— Die Speicherung der Daten erfolgt im Gegensatz zu den E/A-Geräten meist in maschineninterner Darstellung.

Die wichtigsten Datenträger sind: Magnetband, Magnetplatte, Magnettrommel.

Zugriffsarten von Hintergrundspeichern:
Sequentieller Zugriff (sequential access): Um ein bestimmtes Datum zu erreichen, müssen alle davor liegenden Daten gelesen werden.

Wahlfreier Zugriff (random access): Zugriff zu den Daten kann in beliebiger Reihenfolge geschehen.

5.5.2.1 *Magnetbandspeicher* (magnetic tape storage)

Als Datenträger dient ein mit einem magnetisierbaren Material beschichtetes Kunststoffband.

Stärke: 0,053 mm
Breite: 1/2 Zoll (12,7 mm)
Längen: 2400 Fuß (730 m)
           1200 Fuß (365 m)
            600 Fuß (180 m)
            300 Fuß (91 m)

Die am häufigsten verwendeten Zeichendichten:

800 und 1600 Bits/Zoll oder BPI (= Bits Per Inch)

Anzahl der Spuren: 9 und 7 (bei älteren Typen). Eine Spur dient zur Paritätsprüfung. Es wird auf ungerade Parität geprüft, wodurch mindestens eine Position 1 und daher keine Taktspur nötig ist.

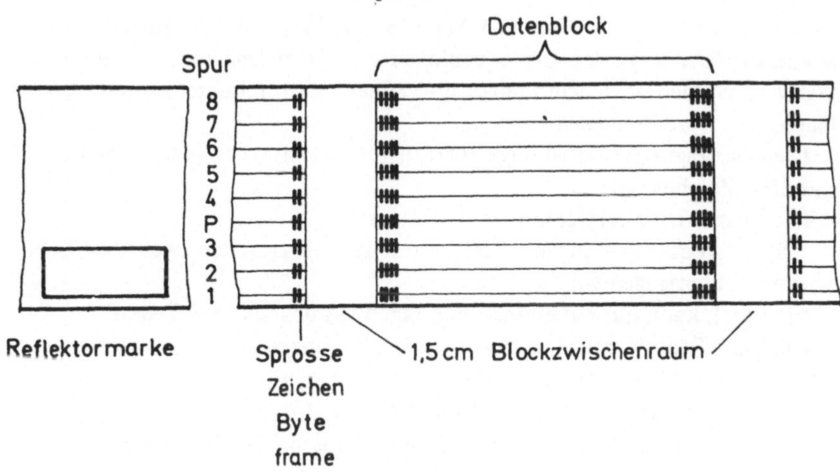

Abb. 5.25: Magnetbandaufzeichnung P = Prüfbit

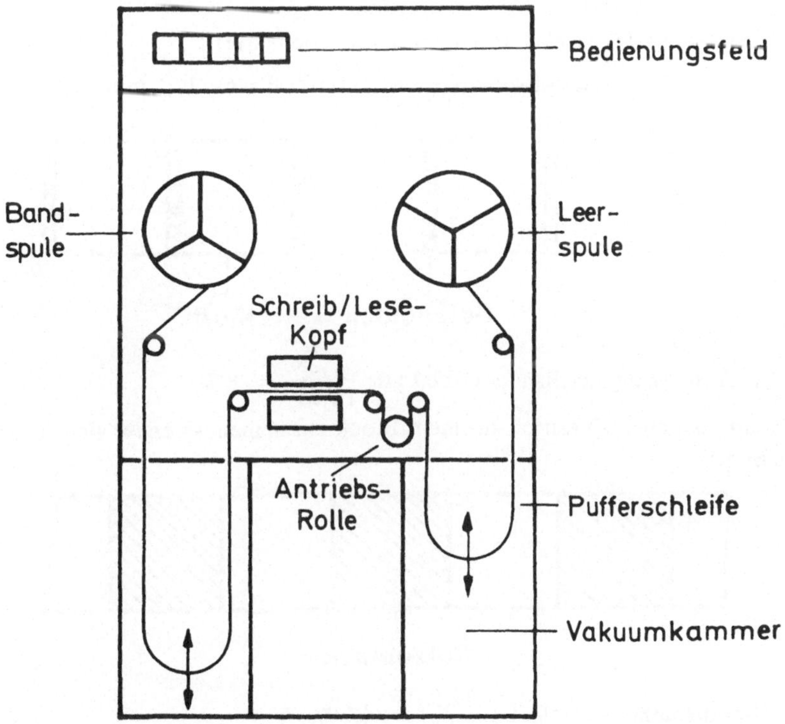

Abb. 5.26: Aufbau eines Magnetbandspeichers

Um ein rasches Abbremsen und Anlaufen des Magnetbandes zu ermöglichen, ist eine *Pufferschleife* des Magnetbandes in einer Vakuumkammer vorgesehen, so daß die Spulen bei jedem Start/Stop-Vorgang nicht mitbeschleunigt bzw. abgebremst werden müssen.

Die Übertragungsgeschwindigkeit (transfer rate) liegt etwa zwischen 60 und 256 kZeichen/sek.

Die Übertragung erfolgt immer blockweise.

1 Block (record) ist diejenige Zeichenmenge, die zwischen zwei Start/Stop-Vorgängen übertragen wird.

Ein Block kann nur auf einmal übertragen werden, nicht in Teilen.

Der Start/Stop-Vorgang bedingt eine *Kluft (interrecord gap)* zwischen zwei Blöcken in der Länge von ca. 1,5 cm.

Die Start/Stop-Zeit beträgt ca. 10 msek.

Die Blocklänge hat einen wesentlichen Einfluß auf die Ausnützung der Speicherkapazität eines Bandes.

Beispiel: Es soll der Inhalt von Lochkarten auf ein Band mit einer Zeichendichte von 1600 BPI übertragen werden.

Blocklänge = 80 Zeichen (80 Spalten der Lochkarte)

Physische Länge des Blocks: $\dfrac{80}{1600} = 0,05$ Zoll $=$ ca. 1,25 mm

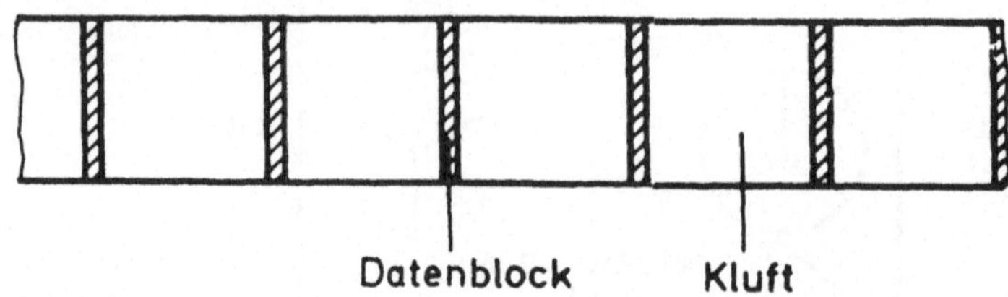

Die Ausnützung des Bandes erfolgt zu: $\dfrac{1,25}{16,25} = 8\,\%$

Faßt man aber 10 Karten zu einem Block zusammen, so ergibt sich folgendes Bild:

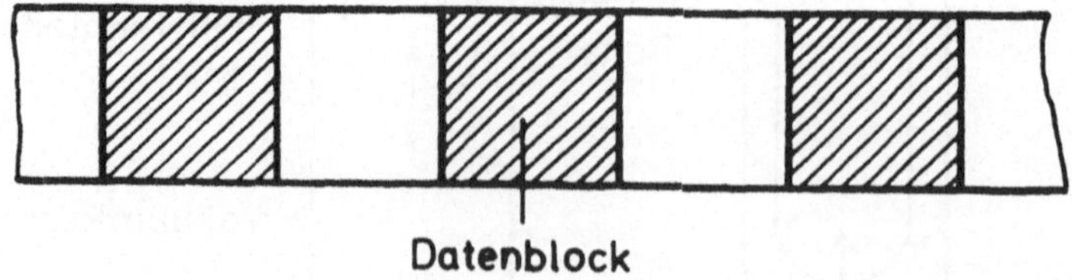

Die Ausnützung erfolgt zu: $\dfrac{12,5}{27,5} = 45\,\%$

Erst bei 100 Karten/Block erhält man eine Ausnützung von etwa 90 %.

Das Magnetband hat einen Vorspann von etwa 3 m, dann erst wird der *Ladepunkt* durch eine *Reflektormarke* (Metallfolie) fixiert. Am Ende des Bandes befindet sich ebenfalls eine Reflektormarke EOT (end of tape).

Aufzeichnungsverfahren: Dieses bezieht sich auf die Magnetisierung innerhalb einer Spur (DIN 66010).

Rückkehr nach 0 (return to zero) RZ:

Vorteil: Jede Bit-Position liefert einen Leseimpuls, daher einfache Synchronisation.

Nachteil: Band muß vor dem Schreiben gelöscht werden, viele Magnetisierungswechsel.

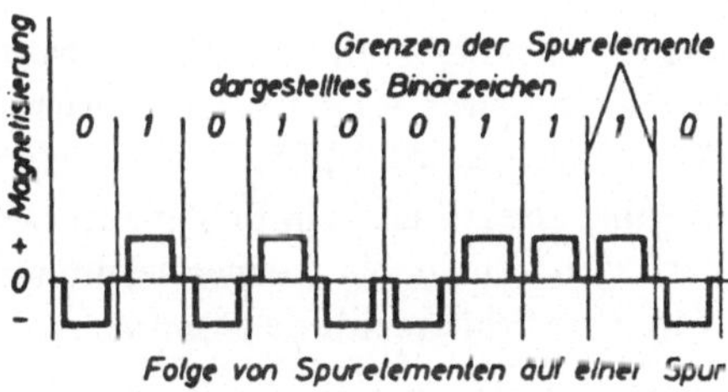

Abb. 5.27: Rückkehr nach 0 (RZ)

Wechselschrift (non return to zero) NRZ: Jede „1" wird durch einen Magnetisierungswechsel dargestellt. Die Richtung ist dabei nicht von Bedeutung. Vorteil: Wenig Magnetisierungswechsel, größere Verträglichkeit mit Geräten anderer Hersteller wegen der nicht relevanten Magnetisierungsrichtung, Löschen vor dem Schreiben nicht notwendig.

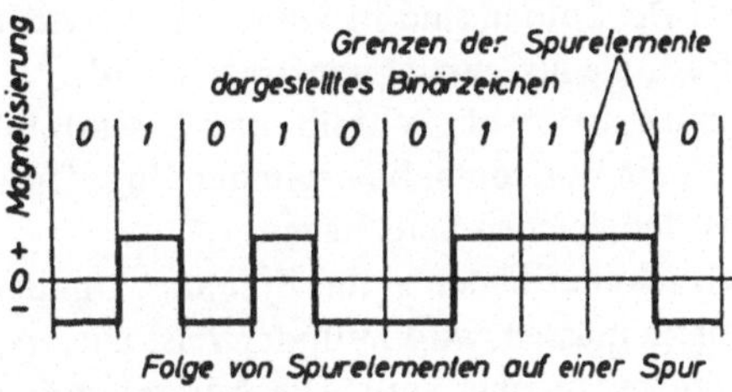

Abb. 5.28: Wechselschrift (NRZ) (I)

Richtungs-Taktschrift (Phase encoding) PE: Bei diesem Verfahren hat jede Ziffer 0 und 1 eine bestimmte Magnetisierungsrichtung, so daß die Aufeinanderfolge zweier gleicher Ziffern zwischendurch einen Magnetisierungswechsel erfordert.

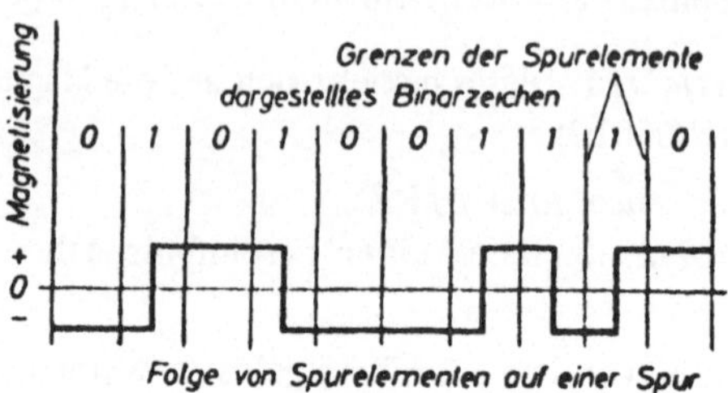

Abb. 5.29: Richtungs-Taktschrift (Phasen-Modulation)

Vorteil: Der mittlere Gleichstrom ist immer 0 (reine Wechselstromkreise), leichte Synchronisierbarkeit durch Magnetisierungswechsel bei jedem Zeichen, daher hohe Schreibdichte (1600 BPI).

Tritt bei der Übertragung eines Blocks ein Fehler auf, so muß der ganze Block noch einmal übertragen werden. Nach einer bestimmten Anzahl von erfolglosen Versuchen wird eine Fehlermeldung gegeben.

Vorteil großer Blocklänge: gute Ausnützung des Bandes
Nachteil großer Blocklänge: großer Hauptspeicherbedarf zur Aufnahme des Blocks, höhere Wiederholungsrate, da die Wahrscheinlichkeit eines Fehlers in einem Block größer ist.

5.5.2.2 *Magnetplattenspeicher* (magnetic disc storage)

Datenträger: Bis zu 10 mit magnetischem Material beschichtete Leichtmetallplatten übereinander starr auf einer Achse angeordnet.
Durchmesser der Platten: 14 Zoll.

Jede Platte hat auf ihrer Ober- und Unterseite je 200 *Informationsspuren* und 3 Reservespuren. Die Spuren sind in *Sektoren* unterteilt; ein Sektor bildet die kleinste Einheit, die auf einmal übertragen wird.

Für jede Oberfläche existiert ein Schreib- und Lesekopf. Alle Schreib-Leseköpfe sind auf einem horizontal beweglichen Zugriffskamm starr befestigt, so daß sie jeweils auf der gleichen Spur liegen.

Alle Spuren untereinander bilden einen *Zylinder*. Um den Kamm möglichst wenig bewegen zu müssen, wird zylinderweise übertragen.

Der Zugriff ist wahlfrei zu einer Spur. Die Adresse setzt sich aus Zylindernummer und Kopfnummer zusammen.

Innerhalb der Spur ist der Zugriff sequentiell.

Zugriffszeit = Kammpositionierungszeit + Latenzzeit, wobei die Positionierungszeit den größten Teil ausmacht.

Positionierungszeit: zwischen 30 und 75 msek

Latenzzeit (im Durchschnitt die Dauer einer halben Umdrehung): 5 bis 20 msek.

Übertragungsrate: bis zu 1 Mio Zeichen/sek

Kapazität: bis zu 300 Mio Zeichen/Laufwerk

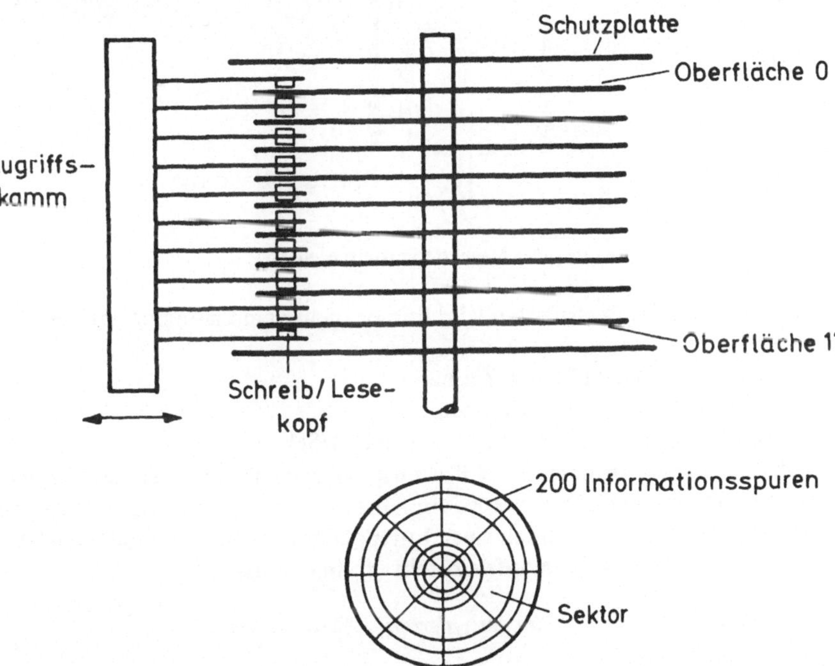

Abb. 5.30: Funktionsweise eines Magnetplattenspeichers

Beim *Festplattenspeicher* ist jeder Spur ein Schreib/Lesekopf zugeordnet, dadurch entfällt die Positionierungszeit. Er ist qualitätsgemäß dem Magnettrommelspeicher gleichzusetzen.

Die Platten sind nicht auswechselbar.

Die Zugriffszeit ist gleich der Latenzzeit.

5.5.2.3 *Magnettrommelspeicher* (magnetic drum)

Die Funktionsweise ist ähnlich der des Festplattenspeichers. An die Stelle des Plattenstapels tritt hier eine rotierende Trommel. Jeder Spur auf dem Umfang dieser Trommel ist ein Schreib/Lesekopf zugeordnet. Die Zugriffszeit ist auch hier gleich der Latenzzeit.

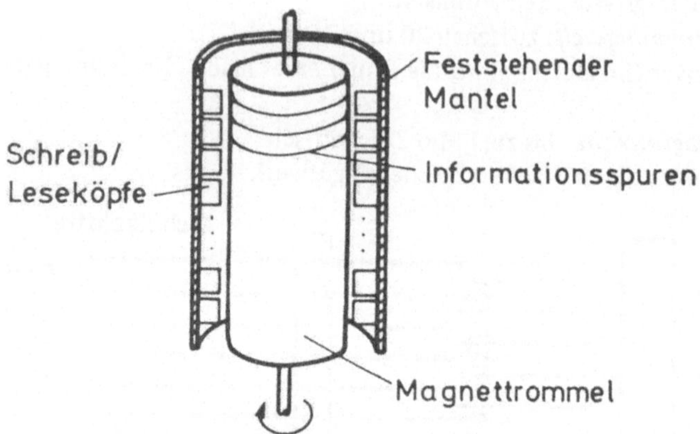

Abb. 5.31: Funktionsweise eines Magnettrommelspeichers

Der Magnettrommelspeicher wird immer mehr vom Plattenspeicher verdrängt.

Kapazität: einige Millionen Zeichen

Zugriffszeit: einige Millisekunden

Übertragungsrate: etwa 1500 Mio Zeichen/Sek.

Bei den Magnettrommel-, und Plattenspeichern muß zwischen der Magnetschicht und dem Schreib/Lesekopf ein Abstand von ca. einigen μm eingehalten werden. Dies wird meist durch einen Luftpolster erreicht, der durch eine besondere Formgebung der Köpfe entsteht (flying heads).

Kostenvergleich für die verschiedenen Datenträger

(Stand 1976)

Datenträger	10^{-6} DM/Zeichen
Magnetband	1,0
Endlospapier (einseitig voll bedruckt)	2,–
Magnetplatte	20,–
Lochstreifen	38,–
Magnetbandkassette	57,–
Lochkarte	125,–

Die Lochkarte ist also bei weitem der teuerste Datenträger. Sie wird daher in erster Linie zur Ersterfassung von Daten und Programmen verwendet. Magnetische Datenträger haben den Vorteil, daß sie wiederholt verwendet werden können.

5.5.3 Dialoggeräte

Dialoggeräte dienen der Kummunikation zwischen Mensch und Maschine. Funktionell unterscheidet man zwischen:

Konsole: Kommunikation zwischen Bedienungspersonal und Betriebssystem.

Terminal: Kommunikation zwischen Anwender und Programm.

Technologisch unterscheidet man zwei Arten von Dialoggeräten:

Fernschreiber (typewriter): Das sind im wesentlichen elektrische Schreibmaschinen; die Eingabe erfolgt über eine Tastatur. Die Schreibgeschwindigkeit liegt bei etwa 10 Zeichen/sek. Man erhält ein Protokoll über die Ein/Ausgabe auf Papier.

Datensichtgeräte (Bildschirmgeräte, display units): Der Hauptbestandteil dieser Geräte ist eine Bildröhre (Kathodenstrahlröhre), ähnlich einer Fernseh-Bildröhre. Der Text erscheint auf dem Bildschirm. Der Bildinhalt wird in einem eigenen Speicher gespeichert (Pufferspeicher). Er kann daher auf dem Bildschirm vorbereitet werden, bevor er übertragen wird (leichte Fehlerkorrektur).

Vorteil der Bildschirmgeräte gegenüber den Fernschreibern:
- Pufferspeicher
- Größere Übertragungsgeschwindigkeit
- geräuschlos

Nachteil: kein Protokoll

Um diesen Nachteil zu beseitigen, können sogenannte Hardcopy-Drucker angeschlossen werden, wobei oft ein Hardcopy-Gerät von mehreren Terminals aus benützt wird.

Vielfach werden auch die bereits erwähnten Thermodrucker als Terminals verwendet.

Erfolgt der Anschluß von Dialoggeräten über eine größere Entfernung (ab 50 m), so geschieht die Übertragung nicht direkt (Gleichstrom), sondern mit Hilfe modulierten Wechselstroms. Auf den Wechselstromträger werden die Impulse (Bit-Folge) aufmoduliert. Auf der Empfängerseite werden die Signale durch Demodulation wieder gewonnen. Dazu sind zusätzliche Geräte, sogenannte *MODEMS* (Modulator – Demodulator) notwendig.

Sind keine eigenen Leitungen vorhanden, so erfolgt der Anschluß über das öffentliche Telefonnetz

a) *im Selbstwählverkehr*

b) *durch Standleitungen*, das sind durchgeschaltete Leitungen, die von der Post an den Benützer vermietet werden.

Die Übertragungsrate über Datenleitungen wird in „baud" (bd) gemessen.

$$1 \text{ baud} = 1 \text{ Bit/sek}$$

Die möglichen Übertragungsraten hängen stark von der Güte des Telefonnetzes ab und betragen für:

Wählleitungen:	bis ca. 2400 bd
Standleitungen:	bis ca. 9600 bd

5.5.4 Zeichengeräte

Diese dienen zur graphischen Darstellung von Ergebnissen. Da sie — insbesondere die mechanischen Geräte — relativ langsam arbeiten, werden sie vielfach off-line betrieben, d.h. die Daten werden zunächst auf ein Magnetband ausgegeben, von wo sie unabhängig vom Rechnersystem dem Zeichengerät zugeführt und dargestellt werden.

Man unterscheidet analoge und digitale Zeichengeräte.

Analoge Zeichengeräte (x - y - Schreiber):

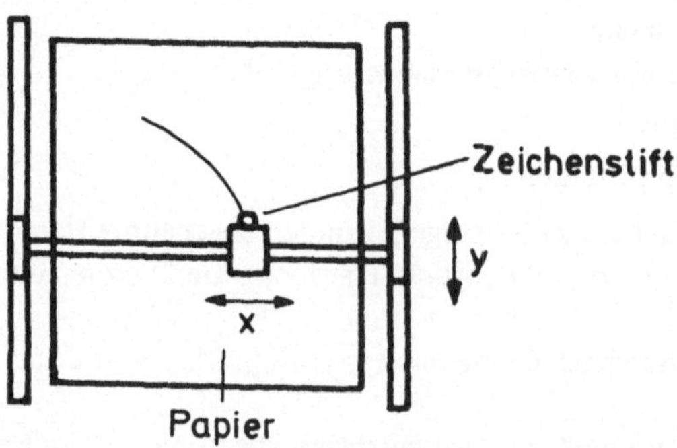

Abb. 5.32 x-y-Schreiber

Der Schreibkopf wird in der x- und y-Richtung mit stufenlos veränderlicher Geschwindigkeit bewegt, wodurch beliebige Kurvenzüge gezeichnet werden können.

Digitale Zeichengeräte (Plotter): Die Bewegung kann nur in ganz bestimmten Richtungen mit konstanter oder abgestufter Geschwindigkeit erfolgen, wodurch die Schrittweite ebenfalls konstant bzw. abgestuft ist. Die Kurvenzüge werden durch aneinanderfolgende Geraden angenähert.

Mögliche Bewegungsrichtungen bei *einer* konstanten Geschwindigkeit für x- und y-Richtung

Es gibt zwei Ausführungen, den Tischplotter und den billigeren Trommelplotter.

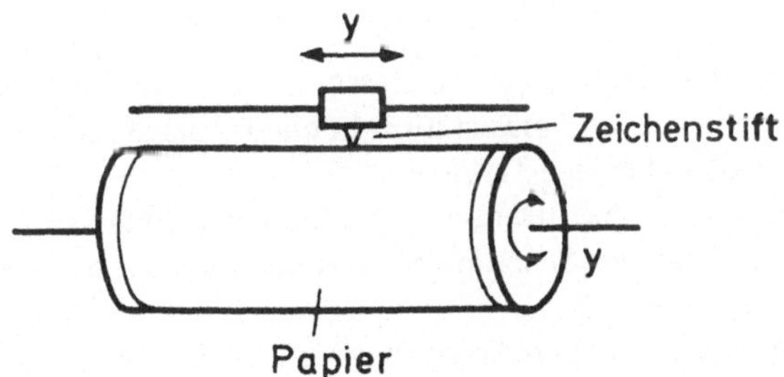

Abb. 5.33: Trommelplotter. Die Bewegung in der y-Richtung erfolgt durch Rotation der Trommel

Elektronische Zeichengeräte: Ein Kathodenstrahl zeichnet das Bild auf einen Film, der anschließend entwickelt wird.

5.6 Off-line-Geräte

Diese dienen der Aufbereitung bzw. einfachen Verarbeitung der Daten unabhängig vom Rechnersystem.

5.6.1 Datenerfassungsgeräte

Zur Aufbereitung der Daten von maschinell nicht lesbaren Urbelegen für die Verarbeitung in einer EDVA.

Kartenlocher (card punch):

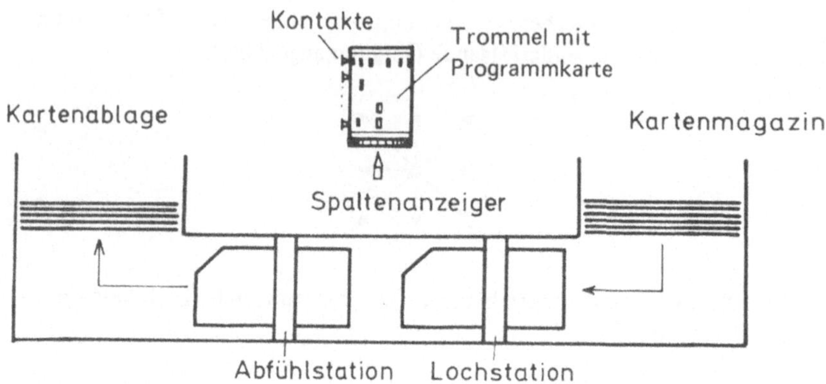

Abb. 5.34: Funktion eines Kartenlochers

Die Lochkarten werden von einem Kartenmagazin der Lochstation zugeführt, gelocht und über die Abfühlstation in einer Aolage abgelegt. Die Eingabe der Daten erfolgt über eine Tastatur.

Ein Spaltenanzeiger zeigt die nächste zu lochende Spalte an. Die meisten Kartenlocher enthalten ein *Schreibwerk,* das den Klartext in die Schreibzone der Lochkarte druckt.

Die Abfühlstation dient zum kompletten oder teilweisen Kopieren von Lochkarten.

Mit Hilfe einer auf einer Programmtrommel aufgespannten Programmkarte kann der Kartenlocher automatisch gesteuert werden. So ist es möglich, bestimmte Felder der Lochkarte zu duplizieren oder zu überspringen usw.

Moderne Ausführungen von Kartenlochern besitzen einen Speicher, in dem der gesamte Inhalt einer Lochkarte abgespeichert und dann erst gelocht wird. Sie erlauben auch meist die Verwendung mehrerer Programme gleichzeitig.

Kartenprüfer (card verifier): Der Kartenprüfer dient zum Prüfen bereits gelochter Karten. Die zu prüfenden Daten werden über die Tastatur eingegeben und mit denen auf der der Abfühlstation des Prüfers zugeführten gelochten Karte verglichen. Herrscht Übereinstimmung, so wird an der Seite eine „*Prüfkerbe*" gelocht. Ein Fehler wird durch eine Kontrollampe angezeigt und in der fehlerhaften Spalte am oberen Rand eine Fehlerkerbe gestanzt.

Lochkartenbeschrifter: Zum nachträglichen Beschriften bereits gelochter Karten.

Die Funktionen Lochen, Prüfen und nachträgliches Beschriften können auch in einem Gerät vereint sein.

Lochstreifenstanzer: Diese sind für die Datenerfassung meist mit einem Schreibmaschinenterminal gekoppelt. Sie werden wegen ihrer niedrigen Gestehungskosten auch als Ausgabegeräte für Experimente und Meßeinrichtungen verwendet.

Magnetbandschreiber: Bei diesen Geräten werden die Daten über eine Tastatur auf ein Magnetband übertragen. Sie sind oft mit Bildschirmgeräten gekoppelt und mit einem Pufferspeicher versehen (Korrekturmöglichkeit).

Magnetplattenschreiber: Die Daten werden über eine Tastatur auf eine Magnetplatte (Diskette) übertragen.

5.6.2 Tabelliermaschinen, Sortiermaschinen und Kartenmischer

Tabelliermaschinen dienen zum selektierten Ausdrucken des Inhaltes von Lochkarten auf Papier (Tabellieren). Sie können auch einfache Rechnungen durchführen (Zählen, Summenbildung, Vergleichen usw.).

Sortiermaschinen dienen zum mechanischen Sortieren von Lochkarten. Die Karten werden je nach Lochung in einer bestimmten Spalte in eines der 12 Fächer ausgesteuert. Ein Restfach dient zur Aufnahme jener Karten, die in der betreffenden Spalte keine Lochung aufweisen.

Lochkartenmischer werden zur Zusammenführung zweier sortierter Datenbestände zu *einem* ebenfalls sortierten Datenbestand verwendet.

Die Funktionen Tabellieren, Sortieren und Mischen sind selbstverständlich auch auf einer modernen Rechenanlage verfügbar. Diese Maschinen werden daher hauptsächlich nur mehr dort eingesetzt, wo der Einsatz einer Rechenanlage wirtschaftlich noch nicht vertretbar ist.

6. Maschinenarchitektur

6.1 Technologische Grenzen der Rechengeschwindigkeit

Der Rechengeschwindigkeit sind im wesentlichen durch folgende Tatsachen Grenzen gesetzt:
- Endliche Schaltgeschwindigkeiten der elektronischen Bauteile
- Endliche Laufzeiten auf den notwendigen Leitungen, auch wenn sie
  –z. B. durch integrierte Schaltungen – noch so kurz sind.
- Die Zugriffszeit heute üblicher Arbeitsspeicher (Magnetkernspeicher, Dünndrahtspeicher, Halbleiterspeicher)
  Besonders die Zugriffszeit von Arbeitsspeichern stellt noch immer einen Engpaß dar.

6.2 Maßnahmen zur Erhöhung der Leistung

Eine Erhöhung der Leistung kann aufgrund der technologischen Grenzen nur durch organisatorische Maßnahmen erreicht werden.

6.2.1 Überlappung von Speicherzugriffen (overlapping)

Gewisse Aktivitäten im Rechnerkern können parallel ablaufen. Wie bereits erwähnt, wird im Instruktionszyklus die Instruktion aus dem Speicher in das Steuerwerk gebracht, im Exekutionszyklus der Operand aus dem Speicher geholt und die Operation ausgeführt. Das „Lesen" des Operanden 0_n im Ausführungszyklus A_n und das „Lesen" der nächsten Instruktion I_{n+1} kann gleichzeitig durchgeführt werden, falls der Operand 0_n und die Instruktion I_{n+1} in verschiedenen Speichermoduln liegen.

$$I_n \quad\quad I_{n+1} \quad\quad I_{n+2} \quad\quad\quad \text{Modul 2}$$

$$A_n \quad\quad A_{n+1} \quad\quad A_{n+2} \quad\quad \text{Modul 1}$$

Durch diese Maßnahme kann eine Geschwindigkeitssteigerung bis zu 100 % erreicht werden.

Beispiel Univac 1110: Das „Lesen" und „Ausführen" der Instruktionen wird in 4 Schritte unterteilt; in jedem dieser Schritte ist ein Speicherzyklus möglich:

1) Lesen der Instruktion aus dem Speicher I   } Instruktions-
2) Berechnung der effektiven (absoluten) Adresse Adr } zyklus

3) Lesen der Operanden aus dem Speicher Op   } Exekutions-
4) Ausführung A   } zyklus

$$I_n \quad\quad I_{n+1} \quad\quad I_{n+2} \quad\quad I_{n+3} \quad\quad \text{Modul 1}$$

$$Adr_{n-1} \quad\quad Adr_n \quad\quad Adr_{n+1} \quad\quad Adr_{n+2}$$

$$Op_{n-2} \quad\quad Op_{n-1} \quad\quad Op_n \quad\quad Op_{n+1} \quad\quad \text{Modul 2}$$

$$A_{n-3} \quad\quad A_{n-2} \quad\quad A_{n-1} \quad\quad A_n$$

Abb. 6.1 Überlappung von Speicherzugriffen bei der UNIVAC 1110

6.2.2 Mehrprozessoranlage (multiprocessing)

Mehrere Prozessoren arbeiten an mehreren Programmen oder Programmteilen, die im gemeinsamen Hauptspeicher liegen.

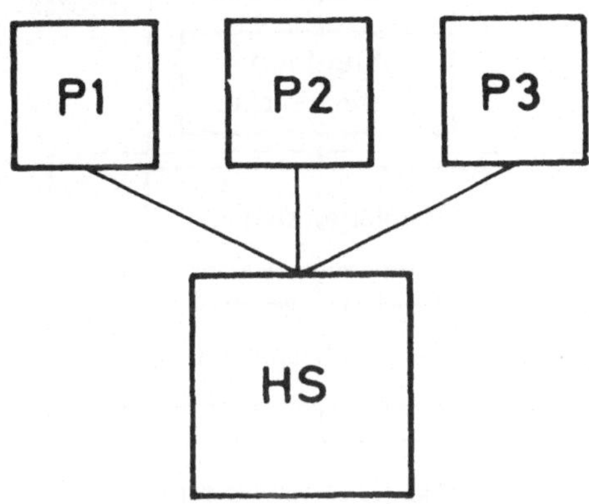

Genau genommen ist durch die Existenz unabhäniger E/A-Prozessoren oder Kanäle schon ein Multiprocessing gegeben. Man spricht aber von Multiprocessing im engeren Sinne, wenn mehrere gleichrangige Prozessoren vorhanden sind. Eine Zwischenstufe stellt die Cyber 70-Serie von Control Data dar:
Die Grundkonfiguration besteht aus einem schnellen Prozessor, dem Hauptspeicher und mindestens zehn langsameren, aber programmierbaren, *peripheren Rechnern*. Einer der peripheren Rechner übernimmt gewisse Steuerfunktionen (Betriebssystem) und verteilt die Aktivitäten an den Prozessor und die übrigen peripheren Rechner. Diese haben in erster Linie die Übertragung

Hauptspeicher ↔ periphere Geräte

durchzuführen, wodurch der zentrale Rechner für die eigentliche Aufgabe, der „Verarbeitung" der Daten, zur Verfügung steht.

6.2.3 Speicherhierarchie

Wie bereits erwähnt, hängt die Auslastung und damit auch die Leistung einer Anlage zu einem wesentlichen Teil vom Einsatz geeigneter Speicher ab. Da die schnellsten Speicher pro Kapazitätseinheit auch die teuersten sind, sollten im Interesse einer Kostenminimisierung die Programme und Daten von langsameren Speichermedien auf immer schnellere übergeführt werden, je näher sie dem Ziel, der Verarbeitung durch den Rechnerkern, kommen. Ideal

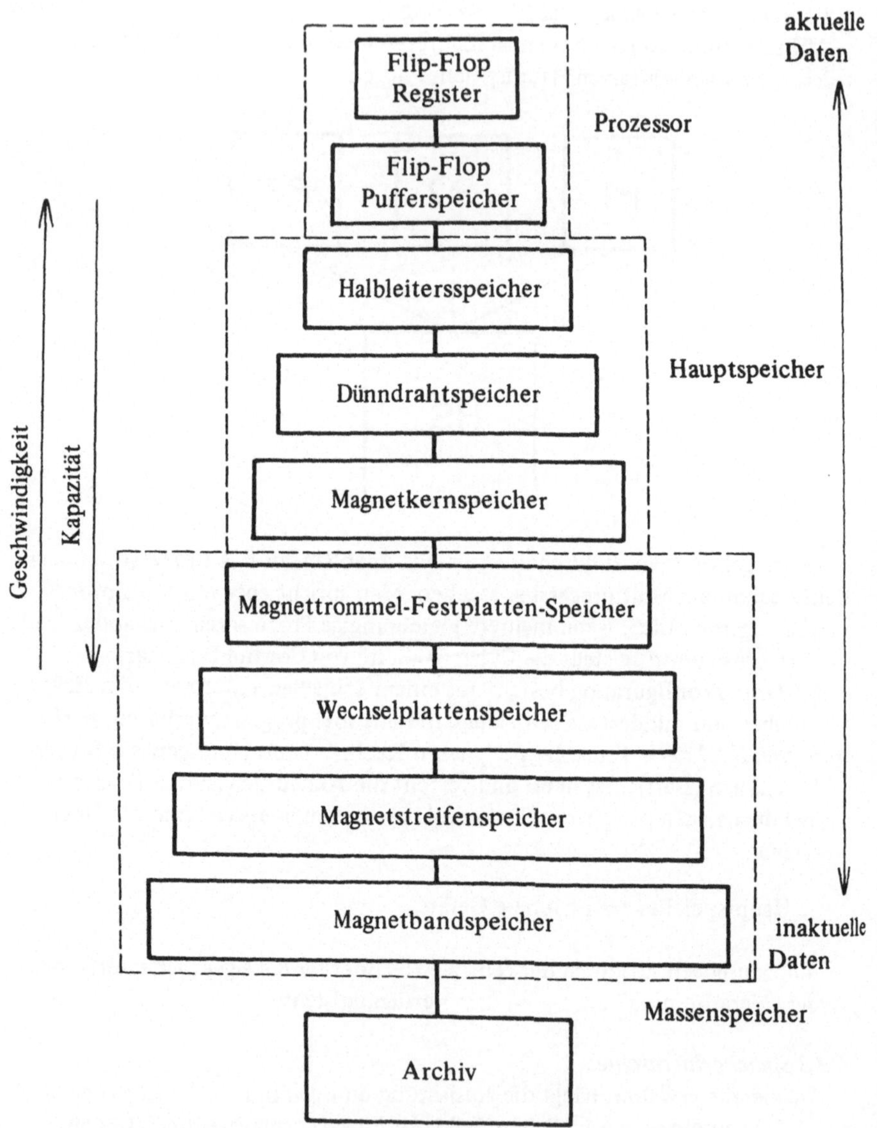

Abb. 6.2: Speicherhierarchie

wäre ein kontinuierlicher Übergang von den schnelleren zu den langsameren
Speichern. Da dies praktisch nicht möglich ist, sollte eine möglichst gleich-
mäßige Abstufung vorgenommen werden. Dies wird unter dem Begriff
„Speicherhierarchie" zusammengefaßt. Um z.B. den großen Geschwindigkeits-
unterschied zwischen dem Hauptspeicher und den Registern im Rechnerkern
auszugleichen, wird zweckmäßigerweise zwischen diesen ein schneller Pufferspeicher als weiteres Glied in der Hierarchie eingefügt. Die Instruktionen werden blockweise (instruction stack) in diesen Pufferspeicher übertragen und
von dort mit hoher Geschwindigkeit einzeln dem Rechnerkern zugeführt. Die
höhere Geschwindigkeit wird u.a. durch die kürzeren Leitungen des kleineren
Pufferspeichers erreicht.

6.2.4 Speicherorganisation

Der Rechnerkern wird optimal ausgelastet, wenn mehrere Programme
gleichzeitig im Hauptspeicher sind, so daß während der Wartezeiten, die durch
die E/A eines Programmes entstehen, an einem anderen Programm weitergearbeitet werden kann. (*Mehrprogrammbetrieb, Multiprogramming*). Dies setzt
allerdings voraus, daß die Programme und Daten im Speicher verschiebbar
sind (z.B. durch relative Adressierung). Weiters muß im Sinne einer wirtschaft-
lichen Nutzung des Speichers die Belegung desselben ständig reorganisiert werden, um den „Verschnitt" möglichst gering zu halten.

Beispiel: In einer Maschine seien die Programme P_1 bis P_5 in Bearbeitung.
(Abb. 6.3). Nach Beendigung der Programme P_2 und P_4 entsteht freier
Speicher; das Programm P_6 kann aber trotzdem nicht geladen werden, weil
der freie Speicher nicht zusammenhängend ist. Es müssen die Programme
P_1, P_3 und P_5 zusammengeschoben werden, um Platz für P_6 zu schaffen.

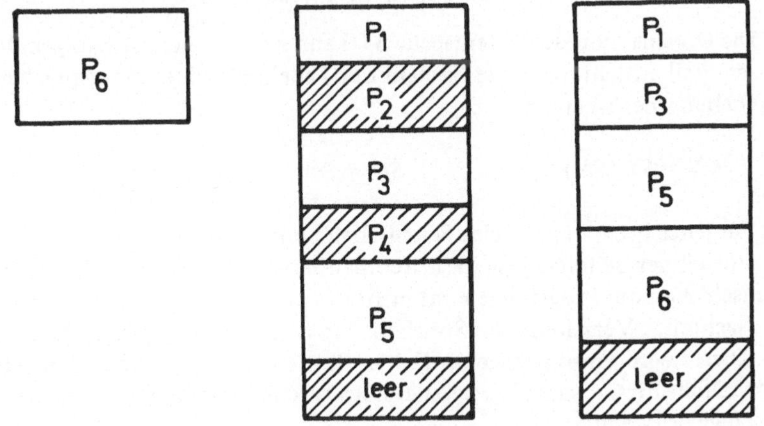

Abb. 6.3: Reorganisation der Speicher beim Mehrprogrammbetrieb

Die ständige Neuverteilung des Speichers ist relativ aufwendig.

6.2.4.1 Seitenadressierung

Um die laufende Reorganisation des Speichers zu vermeiden, werden Programme in *Seiten* (pages) und der Speicher in *Kachel* (frames) zerlegt. Das Programm wird seitenweise auf beliebige freie Kachel aufgeteilt.

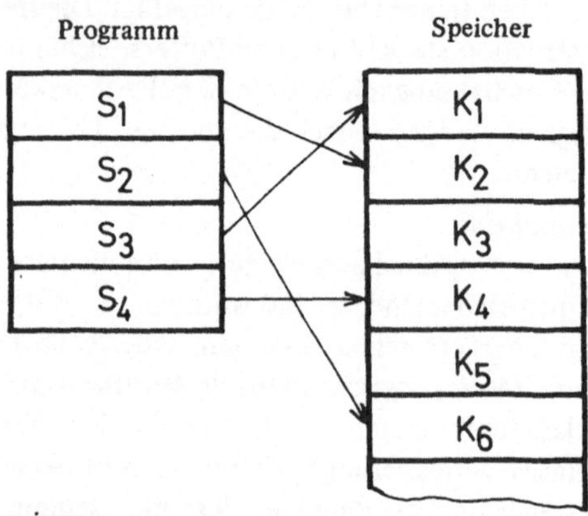

Abb. 6.4: Seitenadressierung

Die Größe von Seite und Kachel ist gleich und zweckmäßigerweise 2^n ($n = 7$ bis 12). Dadurch ergibt sich eine Aufspaltung der Programmadresse in eine Seiten- und eine Wortadresse. Bei der Abbildung der Programmadresse auf die Speicheradresse wird die Seite über eine Seitentabelle einer Kachel zugeordnet. Die Wortadresse bleibt unverändert (Abb. 6.4).

Die Organisation der Seitentabelle ST kann z.B. indizierend erfolgen. In diesem Fall enthält das SN-te Element der Tabelle (Index) die entsprechende Kachelnummer KN (Abb. 6.5).

$$KN = ST\,(SN) \qquad\qquad SN = \text{Seitennummer}$$

Für jedes Programm ist eine Seitentabelle notwendig.

Vorteil der Seitenadressierung: Reorganisation des Speichers durch Zusammenschieben der Programme nicht mehr nötig.

Nachteil: „Verschnitt' des Speichers durch die fest vorgegebene Seitengröße. Dieser wird umso geringer, je kleiner die Seiten sind. Bei variablen Seitenlängen fällt dieser Nachteil weg; allerdings ist dann eine Angabe über die Seitenlänge notwendig.

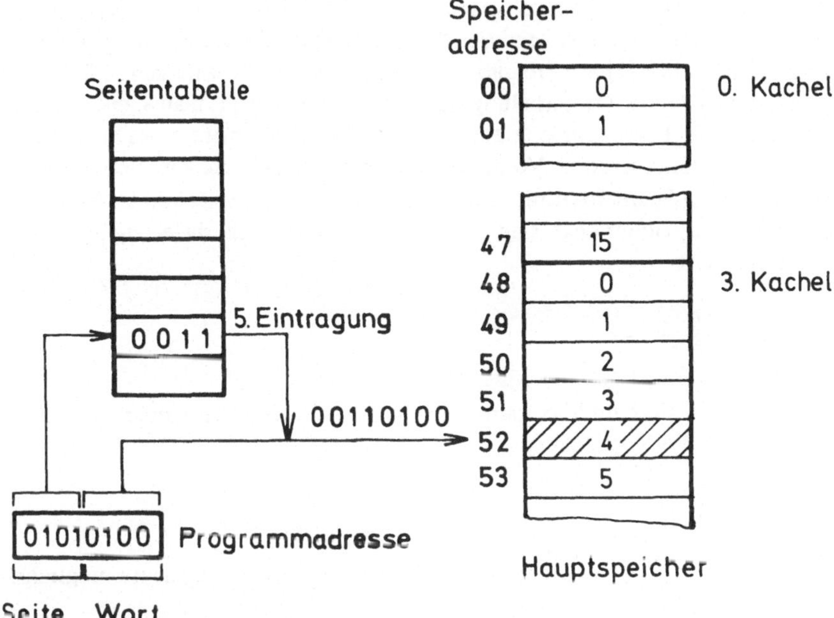

Abb. 6.5: Adressumsetzung bei der Seitenadressierung

6.2.4.2 Programmsegmentierung

Es wurde bisher angenommen, daß während der Verarbeitung das gesamte Programm im Hauptspeicher liegt, was auch tatsächlich meistens der Fall ist. Da der Prozessor zu einer bestimmten Zeit nur eine Instruktion zu verarbeiten imstande ist, ergibt sich daraus, insbesondere bei langen Programmen, eine schlechte Ausnützung des relativ teuren Hauptspeichers. Die Belastung des Hauptspeichers und damit die Kosten K für die Belegung ergeben sich aus

$$K = L \cdot t$$

wobei L die Länge des Programmes und t die Bearbeitungszeit (= Verweilzeit des Programmes im Hauptspeicher) ist.

Es ist daher naheliegend, die Programme nicht in einem, sondern wie bereits in 6.2.3 angedeutet, stückweise je nach Bedarf von einem Hilfsspeicher in den Hauptspeicher zu bringen. Je nach logischer Programmstruktur läßt sich der Programmablauf in Programmabschnitte zerlegen, die in einer bestimmten zeitlichen Reihenfolge abgearbeitet werden, wobei der Programmabschnitt P_i von der Länge L_i während der Zeitspanne t_i ausschließlich aktiv ist, so daß während dieser Zeit an keinem anderen Programmabschnitt gearbeitet wird. Es können dabei bestimmte Programmabschnitte mehrmals aktiv sein (z.B. Unterprogramme). Diese Zerstückelung eines Programmes nennt man *Segmentierung* und kann vom Programmierer aufgrund der logischen Struktur des Programmes durchgeführt werden. Voraussetzung ist allerdings, daß vom Betriebssystem her diese Segmentierung ermöglicht wird. Wenn jeweils nur das aktive Segment im Speicher liegt, sind die Kosten für die Speicherbelegung bei der Segmentierung

$$K_s = \sum_{i=1}^{n} L_i \cdot t_i$$

Die Kosten sind ein Maximum bei $L_i = L$ (keine Segmentierung: $K_s = K$). Es gilt daher die Ungleichung

$$K_s \leqslant K.$$

Im Interesse einer guten Speicherauslastung sollen die Segmente möglichst klein sein.

Bisher wurde allerdings noch nicht der Aufwand für die Übertragung berücksichtigt. Dieser setzt sich pro übertragenes Segment zusammen aus:

$K_k \ldots$ einem konstanten Anteil, der im wesentlichen aus dem Verwaltungsaufwand des Prozessors und/oder der Ein/Ausgabeprozessoren besteht und

$K_v \cdot L_i \ldots$ einem variablen Anteil, der durch die Belegung der Übertragungseinrichtungen entsteht und von der Länge des Segmentes abhängig ist.

Der Gesamtaufwand beträgt daher

$$K_s = nK_k + K_v \sum_{i=1}^{n} L_i + \sum_{i=1}^{n} L_i \cdot t_i$$

Für kleine n können die ersten beiden Terme vernachläßigt werden.

6.2.4.3 Virtueller Speicher (virtual memory)

Bei diesem wird unter Anwendung der Seitenadressierung die Segmentierung automatisch durch die Hardware durchgeführt. Die Seiten werden nach Bedarf vom Hilfsspeicher in freie Kacheln des Hauptspeichers gelesen (demand paging). Der Seitengröße sind nach unten aus folgenden Gründen Grenzen gesetzt:

– Der konstruktive Aufbau und die Zugriffsmechanismen bei den Massenspeichern erlauben die Übertragung meist nur in Blöcken mit einer Mindest-
  länge.
– Durch die relativ große Zugriffszeit zum Massenspeicher, die unabhängig
  von der Blocklänge ist, könnten bei zu kleiner Blocklänge die Programm-
  stücke nicht rasch genug im Speicher zur Verfügung gestellt werden, wodurch der Rechner durch Wartezeiten blockiert würde.
– Kleine Seiten verursachen einen häufigeren Seitenwechsel, wodurch bei zu
  kleinen Seiten der mit dem Seitenwechsel verbundene Aufwand nicht mehr
  unerheblich wird.

Die Auswahl der auszutauschenden Seiten soll so erfolgen, daß insgesamt
die Austauschrate niedrig bleibt. Ein schlechter Auswahlalgorithmus bewirkt
eine hohe Austauschrate, was zum „*Thrashing*" führen kann, wenn das System hauptsächlich mit Seitenaustauschen beschäftigt ist. Wird eine Seite im
Programm angesprochen, so gibt es drei Möglichkeiten:

– die Seite ist im Hauptspeicher; kein Seitenwechsel.
– die Seite ist nicht im Hauptspeicher, aber es sind Kachel frei, dann wird die
  Seite in eine freie Kachel übertragen;
– die Seite ist nicht im Speicher, es ist keine Kachel frei, dann sind zwei Fälle
  zu unterscheiden:

  1) Es gibt eine Seite im Hauptspeicher, die während ihrer Aktivität nicht
     verändert wurde; dann kann die neue Seite ohne auslagern der alten
     eingelagert werden.
  2) Es gibt keine Seite, die nicht verändert wurde. In diesem Fall muß
     vor dem Speichern der neuen Seite die alte ausgelagert werden.

Neben der wirtschaftlicheren Nutzung des Hauptspeichers liegt der Vorteil
des virtuellen Speichers auch darin, daß der Speicher aus der Sicht des Pro-
grammierers scheinbar ein Vielfaches seiner Kapazität hat. Jedem Programmierer steht der gesamte Adreßraum zur Verfügung. Dies führte zur Bezeichnung „*virtueller Speicher*".
Die Größe des Adreßraumes ist nur durch die Adreßlänge begrenzt. Der Benützer erspart sich das Segmentieren der Programme. Der Nachteil liegt darin,
daß im allgemeinen auf die logische Struktur der Programme nicht Rücksicht
genommen wird, wodurch es unter Umständen zu häufigem Seitenwechsel
kommen kann. Ein Extremfall wäre gegeben, wenn sich eine Programmschlei-
fe über 2 Seiten erstreckt, die aus Platzmangel gegenseitig ausgetauscht werden müssen.

7. Programmiersprachen (programming languages)

In 5.2.3 wurden Beispiele von Programmen in der Maschinensprache für die
Berechnung der Summe über n Zahlen gezeigt. Wegen der besseren Verständ-
lichkeit wurden dabei für die Operationen Symbole wie ADD für die Addition
usw. verwendet, obwohl in Wirklichkeit der Operationsteil OT wie der Adreßteil AT aus Bitkombinationen besteht. Die Adresse wird meist im Dualsystem
dargestellt. Die Programmierung in der Maschinensprache ist insbesondere
durch folgende Tatsachen recht umständlich:
— Angabe der wenig einprägsamen binären Operationscodes.
— Abzählen der Adressen (Sprung- und Operandenadressen).
— Umrechnen der Adressen ins Dualsystem.
— Das Einfügen nur einer Instruktion in das Programm bewirkt eine Verschiebung der nachfolgenden Instruktionen und damit eine Verschiebung der
  Adressen, was eine Korrektur der betroffenen Sprung- und Operandenadressen durch den Programmierer notwendig macht. Dies ist insbesondere
  in der Testphase und bei Programmänderungen recht umständlich.

Die Maschinen der ersten Generation (Röhrenmaschinen) waren durchwegs
in der Maschinensprache zu programmieren. Man hat sehr bald formale Programmiersprachen entwickelt, die als ersten Schritt Symbole für die Operationen und Adressen verwendeten. Mit Hilfe eines eigenen Programmes (Übersetzer) werden die in einer symbolischen Programmiersprache erstellten Programme in die Maschinensprache übersetzt.

7.1 Maschinenorientierte Programmiersprachen (machine oriented program-
ming languages)

Maschinenorientierte Programmiersprachen sind, wie schon der Name sagt,
an eine bestimmte Maschine gebunden (maschinenabhängig) und erlauben
die symbolische Programmierung auf der Ebene der Maschinensprache. Ein
Programm besteht aus einer Reihe von Anweisungen derart, daß jede Anweisung vom Übersetzer (in diesem Fall *Assemblierer* genannt) in einen Maschinenbefehl übersetzt wird. Diese Sprachen heißen deshalb auch 1:1 Sprachen
im Gegensatz zu den höheren Programmiersprachen, bei denen aus einer Anweisung i.a. mehrere Maschinenbefehle generiert werden. Sie werden auch
als Assemblersprachen bezeichnet. Eine Anweisung hat folgenden Aufbau:

     [Symbol] Op – Code [Operand] [Kommentar]

Die Angaben in Klammer sind wahlweise.

Symbol ist eine Kennzeichnung der Anweisung, so daß von anderer Stelle des Programmes auf diese Anweisung Bezug genommen werden kann. Für Operand steht entweder der Operand selbst oder seine Adresse. Der Kommentar dient nur zur Erläuterung des Programmes und wird nicht übersetzt.

Beispiel einer Anweisung:
WEITER ADD X   ADDIERE DEN WERT X

Der Vorteil gegenüber der reinen Maschinensprache liegt vor allem in der
— Angabe des Operationscodes durch Merksymbole (Mnemonischer Code)
— Adressierung durch Symbole
— Angabe von Konstanten im Dezimalsystem
— Möglichkeit der Kommentierung

Das in 5.2.3 gezeigte Programm für die Addition von n Zahlen könnte in der Assemblersprache folgende Gestalt haben:

```
         LAD  Y              SETZE AKKU 0
WEITER   ADD  X (I)          ADDIERE INDIZIERT  X
         ZSO  IND            ERHÖHE INDEX
         SPR  WEITER         SPRINGE NACH WEITER
         SPE  Y              SPEICHERE ERGEBNIS NACH  Y
         STP                 STOP
IND      DC '—100'          100 ZAHLEN
X        DC '177'           ADRESSE VON  X
Y        DC '0'
```

Die Anweisungen DC (define constant) sind zur Definition der Konstanten. Die zwischen ' ' angegebenen Konstanten werden vom Assembler in das Dualsystem umgerechnet, abgespeichert und die zugewiesenen Adressen in den Adreßteil jener Instruktionen eingesetzt, die diese Konstanten benötigen, wobei die Zuordnung über die Adreßsymbole erfolgt. Durch die Angabe X (I) im Adreßteil des Additionsbefehles erfolgt indirekte Adressierung; der Assembler wählt für die indirekte Adresse einen Speicherplatz zwischen 0 und 17_8 (siehe 5.2.3)

7.2 Problemorientierte Programmiersprachen (problem oriented programming languages)

Diese sind im Gegensatz zu den maschinenorientierten Sprachen maschinenunabhängig, sofern man sich an die bestehenden Normen hält. Da im allgemeinen aus einer Anweisung durch den Übersetzer mehrere Maschinenbefehle generiert werden, heißen diese Sprachen auch „Höhere Programmiersprachen" (high level languages). Es wurden für die verschiedensten Anwendungen Programmiersprachen definiert.

Beispiele für Programmiersprachen:
FORTRAN (FORmula – TRANslator) für technisch-wissenschaftliche Probleme. Diese ist am meisten verbreitet.
ALGOL (ALGOrithmic Language) für mathematisch wissenschaftliche Anwendungen.
COBOL (COmmon Business Oriented Language) für kommerzielle Anwendungen.
PL/I (Programming Language one) für universelle Anwendungen.

Darüber hinaus gibt es noch eine Menge anderer Programmiersprachen für spezielle Anwendungen wie z.B. SIMULA (Simulation), LISP (Listenverarbeitung) usw.

Anhand von FORTRAN sei im folgenden ganz kurz der Aufbau einer Programmiersprache beschrieben. Ein Programm besteht im wesentlichen aus:
– Vereinbarungen
– Zuweisungen
– Steueranweisungen
– Ein/Ausgabe-Anweisungen
– Unterprogrammanweisungen

Alle Anweisungen – außer Vereinbarungen – können mit einer Anweisungsnummer versehen sein, sodaß von anderer Stelle des Programmes auf sie Bezug genommen werden kann.

Vereinbarungen: Durch *Typenvereinbarungen* werden Variablen und Felder bezüglich ihrer Länge und Type beschrieben.

Beispiel: INTEGER A, B (10), X (50, 20)
Durch diese Vereinbarung werden die Variable A und die Felder B und X als ganze Zahlen behandelt. B wird zudem als eindimensionales Feld mit 10 Elementen und X als zweidimensionales Feld mit 1000 Elementen definiert.

Beispiel: REAL I, NTZ (100)
Die Variable I und das Feld NTZ werden als reelle Gleitpunktzahlen definiert. Für NTZ werden 100 Speicherplätze reserviert. Wird für eine Variable (od. Feld) keine Typenvereinbarung getroffen, so gilt die implizite Vereinbarung, daß alle Variablen mit den Anfangsbuchstaben I bis N des Alphabets als INTEGER-Variablen aufzufassen sind.
Vereinbarungen sind Angaben, die der Übersetzer benötigt; es werden daraus aber keine Maschinenbefehle generiert.

Zuweisungen: Diese haben die Form:

Symbol = Arithmetischer oder logischer Ausdruck.

Durch sie wird der Variablen, dessen Symbol links vom Gleichheitszeichen steht, der Wert, der sich aus der Berechnung des Ausdruckes rechts vom Gleichheitszeichen ergibt, zugewiesen. Für die Bildung der arithmetischen Ausdrücke stehen die Operationen: + (Addition), − (Subtraktion), * (Multiplikation) (Division) und ** (Potenzierung) zur Verfügung.

Beispiele für Zuweisungen:

ABT	= 15	Konstante
B	= X (13)	13. Element des Feldes X
A2	= Z	Variable
Y	= 15 * A + X ** 2	Ausdruck

In der letzten Anweisung wird der Ausdruck $15a + x^2$ berechnet und das Ergebnis der Variablen Y zugewiesen. Die Symbole für die Variablen dürfen bis zu 6 Zeichen lang sein; das erste Zeichen muß immer alphabetisch sein.

Steueranweisungen (control statements): Diese dienen der Steuerung des Programmablaufes.

Beispiele für Steueranweisungen:
Unbedinger Sprung:
GO   TO   n
Das Programm wird bei der Anweisung mit der Nummer n fortgesetzt.
Bedingter Sprung:
IF (Arithmetischer Ausdruck) n_1, n_2, n_3.
Es wird zunächst der Ausdruck berechnet und dann je nach Ergebnis nach der Anweisung mit der Marke n_i verzweigt.

Ergebnis	Verzweigung nach
< 0	n_1
= 0	n_2
> 0	n_3

Schleifen-Anweisung (DO − loop):

DO n, Symbol $= m_1, m_2, m_3$.

„Symbol" steht für eine Variable, der zunächst der Wert m_1 zugewiesen wird. Das auf die DO-Anweisung folgende Programmstück bis zu der Anweisung mit der Nummer n wird nun wiederholt ausgeführt, wobei die Variable nach jedem Durchlauf um m_3 erhöht wird. Erst wenn diese den Wert $\geq m_2$ erreicht hat, wird mit der auf das Programmstück folgenden Anweisung fortgefahren.
Falls m_3 nicht angegeben wird, wird 1 angenommen.

Beispiel:

```
     .
     .
     .
  DO 20  I = 1, 10, 2
     .
     .
     .
  20 Y = 2 * X
     .
     .
     .
```

Die Variable I wird als Schleifenindex bezeichnet u. erhält in diesem Beispiel nacheinander die Werte 1, 3, 5, 7, 9; die Schleife wird also 5 mal durchlaufen.

Ein/Ausgabeanweisungen (input/output – statements):
READ (n, m) Variablenliste . . . Eingabe
WRITE (n, m) Variablenliste . . . Ausgabe
n ist die Dateinummer, m die der betreffenden Format-Anweisung.
Beispiel:

```
     READ (5, 11) A,B
  11  FORMAT (I2, F10.4)
```

Es werden zwei Zahlen vom Kartenleser (Dateinummer 5) eingelesen und den Variablen A und B zugewiesen. A ist vom Typ INTEGER und zweistellig (I2), B vom Typ REAL und zehnstellig mit 4 Stellen nach dem Komma (F10.4)

Beispiel:

Im Folgenden ist ein Programm für die Berechnung des Mittelwertes aus n Zahlen X_1, X_2 . . . X_n angegeben. Die Eingabe erfolgt vom Kartenleser, die Ausgabe über den Drucker.

```
     REAL X (100), MW
     READ (5, 1) N, (X (I), I = 1, N)
  1 FORMAT (I 3, (F 10.2))
     SUMME = 0
     DO 3 I = 1, N
  3 SUMME = SUMME + X (I)
     MW = SUMME / N
     WRITE (6,2) MW
  2 FORMAT (F 12.4)
     STOP
     END
```

Mit der READ-Anweisung wird von der 1. Karte N, von den folgenden die Werte für X_i eingelesen. (X (I), I = 1, N) wird als implizite Schleife bezeichnet und hat die selbe Wirkung wie die DO-Anweisung. N ist vom Typ INTEGER und dreistellig (I3), X vom Typ REAL und zehnstellig mit zwei Stellen nach dem Komma (F 10.2). MW ist vom Typ REAL und wird 12stellig mit 4 Stellen nach dem Komma (F 12.4) auf dem Drucker (Dateinummer 6) ausgegeben. Die END-Anweisung ist für den Übersetzer bestimmt und bedeutet das Ende des Quellenprogrammes. STOP ist das logische Programmende.

Unterprogrammanweisungen (subroutine call):

CALL UPR (Argumente)

Durch diese Anweisung wird das Unterprogramm UPR aufgerufen. Die Argumente sind durch Kommas getrennt.

8. Betriebssysteme

8.1 Definition nach DIN 44300

Unter dem Betriebssystem versteht man die Programme eines digitalen Rechensystems, die zusammen mit den Eigenschaften der Rechenanlage die Grundlage der möglichen Betriebsarten des digitalen Rechensystems bilden und insbesondere die Abwicklung von Programmen steuern und überwachen.

Aus dieser Definition lassen sich im wesentlichen zwei Forderungen an das Betriebssystem ableiten, nämlich:

- Es soll dem Anwender die möglichst einfache und bequeme Benützung der zur Verfügung stehenden Hardware, insbesondere die anwendungsorientierte Programmierung, ermöglichen; es soll „benützerfreundlich" sein.
- Es soll als Produzent von Rechenleistung die in wirtschaftlicher Hinsicht optimale Verwendung der zur Verfügung stehenden Hardware durch die weitgehend automatische Ablaufsteuerung ermöglichen.

Diese beiden Forderungen sind vielfach konträr; eine Eigenschaft, die aus der einen Sicht ein Vorteil ist, kann aus der anderen ein Nachteil sein. So ist z.B. die *Stapelverarbeitung* zweifellos diejenige Betriebsart, die den größten Durchsatz bei einer gegebenen Hardware bringt. Sie ist aber für den Benützer am unbequemsten. Es wird in der Praxis immer ein Kompromiß geschlossen. Da die Hardware-Kosten im Vergleich zu den übrigen Kosten ständig sinken, geht der Trend zur Benützerfreundlichkeit.

8.2 Betriebsarten

Die Nomenklatur für die verschiedenen Betriebsarten ist derart uneinheitlich und vielfältig, daß es schwierig ist, sie zu klassifizieren. In Abb. 8.1 wird

ein Versuch zur Einteilung der verschiedenen Betriebsformen aus der Sicht
des Anwenders unternommen.

8.2.1 Geschlossener Betrieb (closed shop)

Der Benützer gibt seinen *Auftrag* (job), der in der Regel aus einem Karten-
paket mit den Steuerkarten, Programmen und Daten besteht, im Rechenzentrum zur Verarbeitung ab und erhält nach einiger Zeit die Ergebnisse meist in
Form eines Ausdrucks (Endlosformular). Die Eingabe in das System erfolgt
in diesem Fall lokal durch das Personal des Rechenzentrums. Sie kann aber
auch über eine abgesetzte Datenstation (remote station), die in der Regel aus
einem Kartenleser und einem Drucker oder aus einem Dialoggerät besteht, erfolgen. Im letzteren Fall erspart sich der Benützer den Weg ins Rechenzentrum. Der Anschluß dieser Datenstation erfolgt je nach Entfernung und Übertragungsrate meist über das öffentliche Telefonnetz.

In jedem Fall gelangen die Aufträge zunächst in eine Eingabewarteschlange
(input queue) auf einem Massenspeicher und werden von dort — eventuell unter Berücksichtigung von Prioritäten — abgearbeitet. Die Anhäufung von Aufträgen in der Warteschlange führte zur Bezeichnung *Stapelverarbeitung* (batch
processing).

Diese Betriebsart ist daher durch folgende Merkmale charakterisiert:
- Benützer hat keinen direkten Zugriff zum System und daher keine Möglichkeit, in den Programmablauf einzugreifen.
- Benützer hat in der Regel auch keine Informationen über den Zustand
  des Auftrages wie z.B.: Ist er noch in der Eingabewarteschlage? Wird er
  gerade bearbeitet? Ist ein Fehler aufgetreten?
- Die Rückgabezeit (turnaround-time) — jene Zeit, die zwischen der Eingabe
  des Auftrages und dem Erhalt der Ergebnisse vergeht — kann zwischen Minuten und Tagen liegen.

8.2.2 Offener Betrieb (open shop)

Bei dieser Betriebsart hat der Benützer direkten Zugriff zum System.

8.2.2.1 Einzelverarbeitung

Der Benützer ist direkt an der Anlage; er hat die Maschine für sich und bedient sie auch selbst. Diese Betriebsform wird bei größeren Anlagen heute
kaum mehr angewendet, da sie sehr unwirtschaftlich ist. Sie bringt aber für
den Benützer ein Maximum an Komfort, weil er jederzeit in den Programmablauf eingreifen kann; vor allem kann er im Teststadium das Programm ohne
Wartezeit wieder laufen lassen. Diese Form ist daher bei kleineren Anlagen
sehr beliebt.

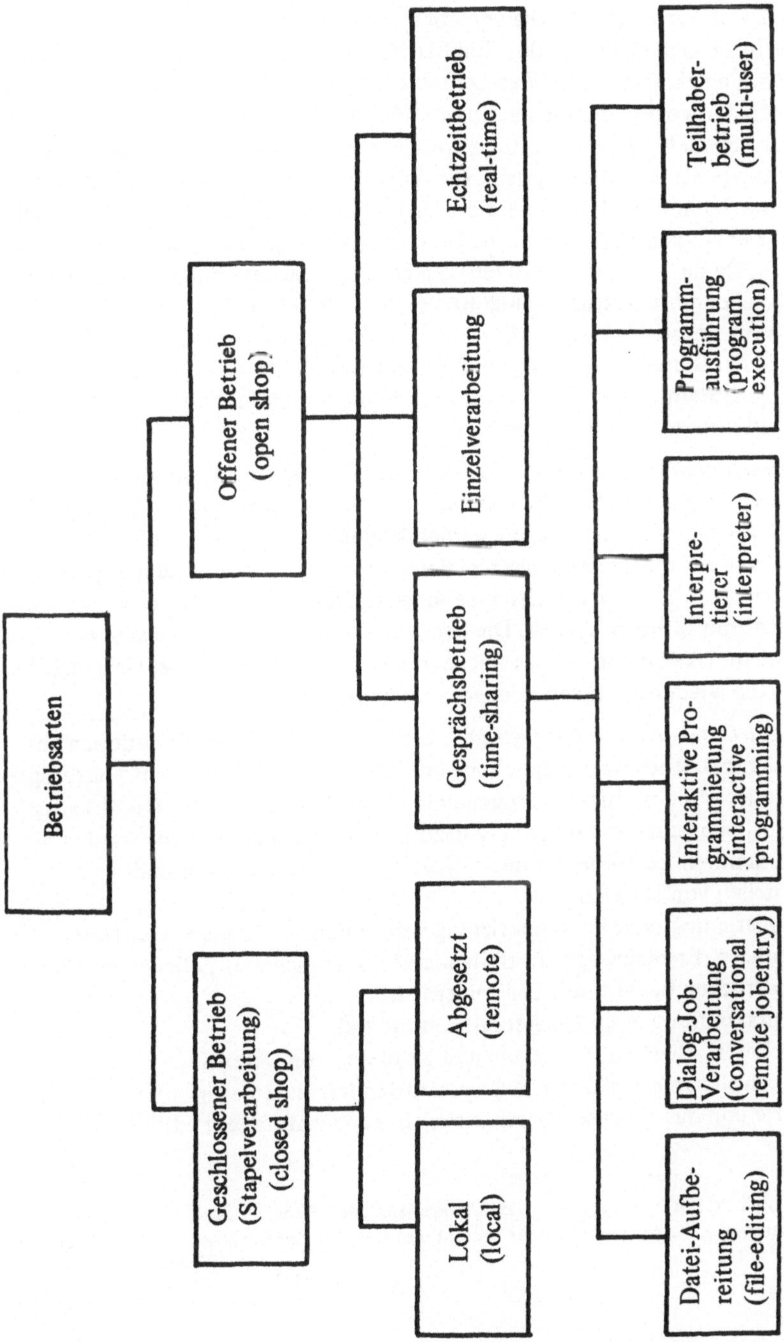

Betriebsarten

Geschlossener Betrieb (Stapelverarbeitung) (closed shop)

Offener Betrieb (open shop)

Lokal (local)

Abgesetzt (remote)

Einzelverarbeitung

Gesprächsbetrieb (time-sharing)

Echtzeitbetrieb (real-time)

Datei-Aufbereitung (file-editing)

Dialog-Job-Verarbeitung (conversational remote jobentry)

Interaktive Programmierung (interactive programming)

Interpretierer (interpreter)

Programmausführung (program execution)

Teilhaberbetrieb (multi-user)

Abb. 8.1: Betriebsarten einer Rechenanlage

8.2.2.2 Gesprächsbetrieb (Dialogbetrieb, time-sharing)

Dialogbetrieb (DIN 44300): Ein Betrieb eines Rechensystems, bei dem zur Abwicklung einer Aufgabe Wechsel zwischen dem Stellen von Teilaufgaben und den Antworten darauf stattfinden können.

Die Abwicklung eines Auftrags erfolgt in Form eines „Gesprächs" zwischen dem Anwender und dem System. Die Antwort durch das System erfolgt innerhalb von Sekunden, daher bildet der Dialogbetrieb die komfortabelste Betriebsform. Der Gesprächsbetrieb wird über eigene Dialoggeräte (siehe 5.5.3) abgewickelt. Da der Mensch viel zu langsam reagiert bzw. das Eingeben der Anweisungen über die Tastatur zu lange dauert, ist eine solche Betriebsform nur sinnvoll, wenn entweder mehrere Benützer gleichzeitig bedient oder nebenbei Aufträge in der Stapelverarbeitung abgewickelt werden. Ganz allgemein bezeichnet man ein System, das es erlaubt, mehrere Benützer gleichzeitig[1]) zu bedienen, als *„Teilnehmer-Rechensystem".*

Teilnehmer-Rechensystem (DIN 44300): Ein digitales Rechensystem mit mehreren angeschlossenen Benützerstationen, von denen aus Aufgaben unabhängig voneinander abgewickelt werden können.

Obwohl im allgemeinen mehrere Benützer angeschlossen sind, hat jeder das Gefühl, als hätte er die Maschine für sich allein. Daher zählt diese Betriebsart auch zum offenen Betrieb. Die Benützerstationen werden meist über das öffentliche Telefonnetz an das Rechensystem angeschlossen. Der Gesprächsbetrieb kann wiederum in verschiedenen Varianten auftreten.

8.2.2.2.1 Dateiaufbereitung (editing). Eine der wesentlichen Funktionen des Gesprächsbetriebes ist die Erstellung und Wartung von Dateien auf Massenspeichern, insbesondere für den Programmierer die Möglichkeit der Modifikation von Quellenprogrammdateien. Die dazu notwendigen Programme werden in der Gesamtheit *Editoren* genannt. Typische Editorfunktionen sind:

— Erstellen von Dateien
— Numerierung oder Umnumerierung von Zeilen oder Seiten einer Datei
— Einfügen, Ersetzen oder Entfernen einer oder mehrerer Zeilen einer Datei
— Ausdrucken bestimmter Teile einer Datei
— Syntaxprüfung einer Quellenprogrammdatei
— Sortieren, Mischen, Verketten und Kopieren von Dateien
— Durchsuchen einer Datei nach dem Auftreten einer bestimmten Zeichenkette und das Ersetzen dieser durch eine andere (context editing).

---

[1]) Gleichzeitig bedeutet hier, daß die verschiedenen Benützer durch den schnellen Rechnerkern so rasch nacheinander bedient werden, daß der Eindruck der Gleichzeitigkeit entsteht.

8.2.2.2.2 Interaktive Programmierung. Die Erstellung von Programmen im Dialog bietet gegenüber der Stapelverarbeitung vor allem den großen Vorteil, daß in der Testphase die relativ langen Wartezeiten zwischen den einzelnen Testläufen, die oft bis zu einigen Stunden betragen können, obwohl die Fehlerbehebung selbst — insbesondere bei Syntaxfehlern — unter Umständen nur einige Minuten dauert, wegfallen. Im Dialog kann der Fehler unmittelbar am Dialoggerät ausgebessert und der Testlauf sofort wiederholt werden. Wie bei der Stapelverarbeitung erfolgt auch hier in der Regel der Ablauf in der Reihenfolge:

1) Eingabe des gesamten Programmes über die Tastatur mit Hilfe des Editors, falls es nicht schon auf einen Massenspeicher gespeichert ist.
2) Syntax-Prüfung.
3) Ausbessern eventueller Syntaxfehler mit Hilfe des Editors.
4) Ausführung des Programmes.

8.2.2.2.3 Programmausführung. Darunter versteht man die Ausführung eines bereits übersetzten und getesteten Programmes im Dialog. Im allgemeinen wird hier durch spezielle Dialogbefehle (Ein/Ausgabebefehle) die Möglichkeit geboten, interaktiv in den Programmablauf einzugreifen. Dieser Modus wird vor allem für kleinere Aufgaben, die rasch am Schreibtisch gelöst werden sollen, vorteilhaft angewendet. Es ist dabei wesentlich, daß solche Dialogsprachen auch von Anwendern, die keine EDV-Fachleute sind, rasch und leicht erlernbar sind. Sie sollen eine einfache Syntax und eine geringe Redundanz aufweisen; die Anweisungen sollen formatfrei, kurz und prägnant sein.

Es wurden zu diesem Zweck spezielle Dialogsprachen entwickelt.

Ein Beispiel dafür ist BASIC (Beginners All-purpose Symbolic Instruction Code), das dem FORTRAN sehr ähnlich ist.

Beispiel für BASIC: Auflisten der Funktionswerte eines Polynoms in einem gewünschten Intervall (Nullstellensuche):

```
10 PRINT "EINGABE DER KONSTANTEN A BIS E ";
20 INPUT A,B,C,D,E
30 PRINT "EINGABE DER UNTEREN UND OBEREN INTERVALLGRENZE ";
40 INPUT U,O
50 IF U = O THEN 10
60 FOR X = U TO O STEP (O-U)/10
70 Y = A + B * X + C * X^2 + D * X^3 + E * X^4
80 PRINT X,Y
90 NEXT X
100 PRINT
110 GOTO 30
120 END
..run,basic
```

```
EINGABE DER KONSTANTEN A BIS E    ?3,-5,6,1.5,-3

EINGABE DER UNTEREN UND OBEREN INTERVALLGRENZE   ?-3,1

-3                  -211.5
-2.6                -106.897
-2.2                -43.2088
-1.8                -8.8008
-1.4                 6.1192
-1.                  9.5
-.6                  7.4472
-.2                  4.2232
 .2                  2.2472
 .6                  2.0952


EINGABE DER UNTEREN UND OBEREN INTERVALLGRENZE   ?0,0

EINGABE DER KONSTANTEN A BIS E    ?-1.4,3,4,2,-1

EINGABE DER UNTEREN UND OBEREN INTERVALLGRENZE   ?-1.4,-1

-1.4                -7.0896
-1.36               -6.53353
-1.32               -6.02629
-1.28               -5.56506
-1.24               -5.14706
-1.2                -4.7696
-1.16               -4.43003
-1.12               -4.12578
-1.08               -3.85431
-1.04               -3.61319


EINGABE DER UNTEREN UND OBEREN INTERVALLGRENZE   ?-1.9,2

-1.9                -19.4101
-1.51               -8.89436
-1.12               -4.12578
-.73                -2.52042
-.34                -2.04957
 .05                -1.23976
 .44                 .827287
 .83                4.51459
1.22                9.62996
1.61                15.426
2.                  20.6


EINGABE DER UNTEREN UND OBEREN INTERVALLGRENZE   ?%a
```

Abb. 8.2: Nullstellensuche mit Hilfe eines BASIC-Programmes als Beispiel eines inter-
aktiven Programmes

Die INPUT-Anweisung bewirkt, daß auf dem Terminal ein Fragezeichen ausgegeben wird, der Benützer tippt jetzt so viele Konstanten — durch Kommas getrennt — ein, wie Variablen im INPUT-Befehl angegeben sind.

Die Zuweisung der Konstanten zu den Variablen erfolgt in der Reihenfolge, in der sie in der INPUT-Anweisung angegeben sind bzw. auf der Tastatur eingegeben werden.

Die Anweisungen FOR

.

.

.

NEXT

bilden die Schleifenanweisung (DO — im FORTRAN). Die formatfreie Ausgabe erfolgt mit Hilfe der PRINT-Anweisung.

Auch die ursprünglich für den Stapelbetrieb entwickelten Sprachen wie FORTRAN, ALGOL, usw. werden gelegentlich für den Dialogbetrieb erweitert.

8.2.2.2.4 Teilhaberbetrieb. Dies ist ein Sonderfall für die Ausführung eines bereits übersetzten Programmes, nämlich die Verwendung ein und desselben Programmes durch mehrere Benützer gleichzeitig von verschiedenen Terminals aus (z.B. Platzbuchungssystem). Solche Programme nennt man re-entrant oder Multi-user-Programme. Die bereits erwähnten Editoren und Dialog-Compiler sowie Interpretierer sind meist solche Programme. Wesentlich ist dabei, daß diese Programme, obwohl sie von mehreren Benützern gleichzeitig benützt werden können, nur einmal geladen werden müssen.

8.2.2.2.5 Interpretierer. Während beim kompilierenden Verfahren das Quellenprogramm zuerst in den Objektcode (Maschinencode) übersetzt und anschließend oder später ausgeführt wird, wird beim *interpretierenden* Verfahren jede Anweisung sofort interpretiert und ausgeführt, so daß nach dem Abarbeiten der letzten Anweisung des Programmes der Lauf gleichfalls beendet ist. Dabei wird kein Objektcode erzeugt, sondern Anweisung für Anweisung (in einem Pseudocode) dem Interpretierer zur Analyse und Ausführung mittels Unterprogramm-Aufrufen übergeben.

Durch die Tatsache, daß jede Anweisung unmittelbar ausgeführt wird, kann ein hoher Grad an Dialogfähigkeit erzielt werden. Dabei ist es möglich, eine schrittweise Ausführung des Programmes vorzunehmen. Man kann sich Werte von Variablen anzeigen lassen, unkorrekte Anweisungen ausbessern, ohne das gesamte Programm noch einmal zu übersetzen. Auf diese Weise kann auch der Tischrechnermodus realisiert werden.

Beispiele für Tischrechnerfunktionen:

Y = COS (2.5)/ARCTN (2) * EXP (10)

Es können auch kompliziertere mathematische Berechnungen durchgeführt werden, ohne im herkömmlichen Sinne ein Programm schreiben zu müssen (bes. bei Vorhandensein von Bibliotheksroutinen) z.B.:

```
X = 2.5                       Z sei das
Y = 6.0                       Ergebnis von FUNKT 1
CALL FUNKT 1 (X, Y, Z)
R = Z * 3.5 + TAN (X)
? R
```

Die letzte Anweisung bewirkt das Drucken des Ergebnisses R.

Ein weiteres Beispiel eines Interpretierers ist APL (**A P**rogramming **L**anguage). Diese Sprache wird nach ihrem Schöpfer *K.E. IVERSON* auch *IVERSON-NOTATION* genannt. Ihre hervorstechendste Eigenschaft ist die Kompaktheit der Schreibweise. Ohne näher auf die Sprache einzugehen, sei hier ein Beispiel gegeben, wobei zum Vergleich dasselbe Problem in FORTRAN formuliert ist.

Es soll der Mittelwert aus der Folge X berechnet werden

Konventionelle Schreibweise:

$$\frac{1}{n} \sum_{i=1}^{n} X_i = MW$$

in *IVERSON*-Notation:

$$\Box \leftarrow (+/X) \div \rho\ X \leftarrow \Box$$

in FORTRAN:

```
      DIMENSION X (1000)
      READ (2,6) N, (X(J), J = 1, N)
6     FORMAT (I5, (E15.2))
      S = 0.0
      DO 4 J = 1,N
4     S = S + X(J)
      MW = S/N
      WRITE (3,5) MW
5     FORMAT (E15.2)
      END
```

Das Verdichtungsverhältnis zu den konventionellen Sprachen bezüglich des Schreibaufwandes dürfte bei 1 : 5 zugunsten APL liegen. Der Nachteil liegt beim speziell verwendeten Zeichensatz, der auf den meisten Terminals nicht verfügbar ist und daher durch andere Zeichen ersetzt werden muß.

Wie bereits erwähnt, resultiert der größte Vorteil des Interpretierers aus der hohen Dialogfähigkeit während der Programmerstellung und Ausführung und aus der Vielzahl der dynamischen Testmöglichkeiten. Diese Vorteile werden durch einen meist umfangreichen residenten Interpretierer und eine – im Vergleich zu einem durch einen Compilierer erzeugten Code – langsame Ausführung erkauft.

8.2.2.2.6 Dialogjobverarbeitung (conversational remote-job-entry). Bei dieser Form der Job-Verarbeitung erfolgt das Erstellen der Programme meist im Dialog, die Ausführung aber in der Stapelverarbeitung. Der Ablauf ist folgender:

— Erzeugung eines Jobs oder Jobstroms in einer Datei (Programmerstellung und Einfügen der Steuerkarten und Daten mit Hilfe des Editors)
— Übergabe des Jobs in die Eingabewarteschlange des Stapelbetriebes
— Der Ergebnisempfang (Auflisten von Ausgabedateien)

Der Ergebnisempfang kann entweder wiederum über das Terminal erfolgen (bei geringen Datenmengen) oder aber auf einem Drucker im Rechenzentrum (bei umfangreicher Ausgabe).

Vorteile gegenüber der reinen Stapelverarbeitung:

— Alle Vorteile des Gesprächsbetriebes in der Phase der Programmerstellung (Testhilfen usw.)
— Einsparung des Weges zum Rechenzentrum zumindest für die Eingabe und damit kürzere Antwortzeit
— Möglichkeit der Abfrage über das Schicksal des Jobs im System (wartend in der Eingabewarteschlange, rechnend, wartend auf Ausgabe)
— Möglichkeit des Abrufes von Teilen des Ergebnisses vom Terminal.

Nachteil gegenüber dem reinen Gesprächsbetrieb:
Die Ausführung des Jobs erfolgt nicht im Dialog.

Da die Stapelverarbeitung wesentlich günstiger für die Systemauslastung ist, ist diese Betriebsform, bei der wesentliche Funktionen des Dialogbetriebes zur Verfügung stehen, sehr beliebt.

8.2.2.3 Echtzeitbetrieb (Realzeitbetrieb, real time mode)
Realzeitbetrieb (DIN 44300)

Ein Betrieb eines Rechensystems, bei dem Programme zur Verarbeitung anfallender Daten ständig betriebsbereit sind derart, daß die Verarbeitungsergebnisse innerhalb einer vorgegebenen Zeitspanne verfügbar sind. Die Daten können je nach Anwendungsfall nach einer zeitlich zufälligen Verteilung oder zu vorbestimmten Zeitpunkten anfallen.

Während beim Gesprächsbetrieb die Antwortzeiten mehrere Sekunden betragen können, ist bei der Steuerung von Fertigungsprozessen oder wissenschaftlichen Experimenten, bei der Überwachung und Steuerung einer Raumfahrt oder eines medizinischen Eingriffs unter Umständen eine Reaktion im Bereich von Millisekunden erforderlich. Zudem muß bei solchen Anwendungen die Reaktionszeit meist innerhalb einer absoluten Grenze liegen, soll sie nicht umsonst sein. Bei Überschreiten dieser Grenze können sich hier für den Anwender mitunter schwerwiegende Folgen ergeben, währen sich beim Gesprächsbetrieb eine übermäßig lange Reaktionszeit nur unangenehm auswirkt.

Programme, die im Realzeitbetrieb arbeiten, müssen daher meist ständig im Hauptspeicher bereitliegen, während sie im Gesprächsbetrieb durchaus zwischen den Antworten ausgelagert werden können. Wegen der kurzen Reaktionszeit und der hohen Anforderungen an die Sicherheit werden für solche Aufgaben meist eigene Kleinrechner (*Prozeßrechner*) verwendet.

8.3 Aufbau eines Betriebssystems

In 8.2 wurde das Betriebssystem aus der Sicht des Anwenders beschrieben. Die Programme eines BS zur Realisierung der beschriebenen Betriebsformen zerfallen in zwei Hauptgruppen: Steuer- und Arbeitsprogramme (Abb. 8.3).

8.3.1 Steuerprogramme

Zur Steuerung und Verwaltung der verschiedenen Aktivitäten im System dienen eine Reihe von Steuerprogrammen.

8.3.1.1 Auftragsverwaltung

Unter einem Auftrag (job) versteht man eine abgeschlossene Arbeitseinheit eines Benützers. Der Auftragsverwaltung obliegt die Steuerung und Verwaltung der Durchführung von Aufträgen. Zu diesem Zweck müssen die Aufträge beschrieben sein. Dies geschieht mit Hilfe der *Auftragssteuersprache* (job control language, JCL).

Die Auftragssteuersprache hat im wesentlichen drei Funktionen zu erfüllen:
- *Auftragsbeschreibung*: Identifikation des Auftrages, bzw. des Benützers, Angabe der Priorität und der benötigten Betriebsmittel (z.B. CPU-Zeit, Speicherplatz, maximale Seitenanzahl etc.)
- *Ablaufbeschreibung*: legt die Reihenfolge der Bearbeitungsschritte fest (z.B. Übersetzen → Ausführen eines Programmes).
- *Dateibeschreibung*: beschreibt die verwendeten Dateien (Organisationsform, Größe, Gerätezuordnung usw).

Wie die Programmiersprachen unterliegt auch die Auftragssteuersprache syntaktischen Regeln. Sie soll möglichst einfach und leicht erlernbar sein; Redundanzen sollen vermieden werden. Für alle möglichen Spezifikationen sollte es *Voreinstellungen* (Standardspezifikationen, default options) geben, damit der Benützer möglichst wenig angeben muß. Abb. 8.4 zeigt die Zusammensetzung eines typischen Auftrags für CDC Cyber 70.

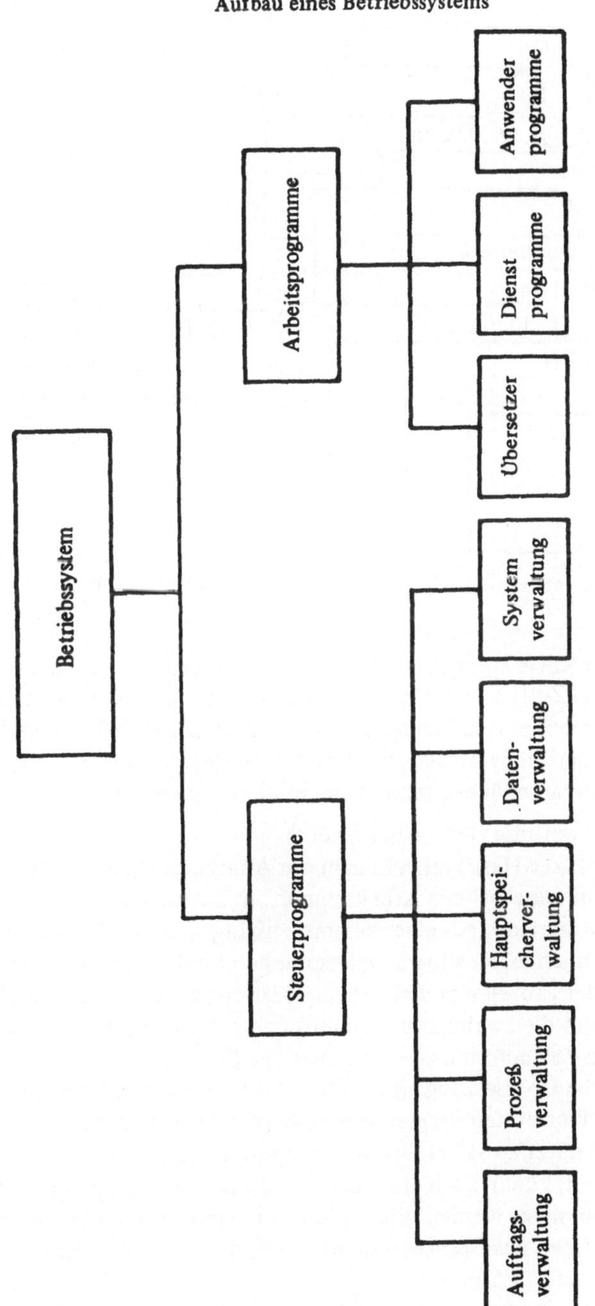

Abb. 8.3: Komponenten eines Betriebssystems

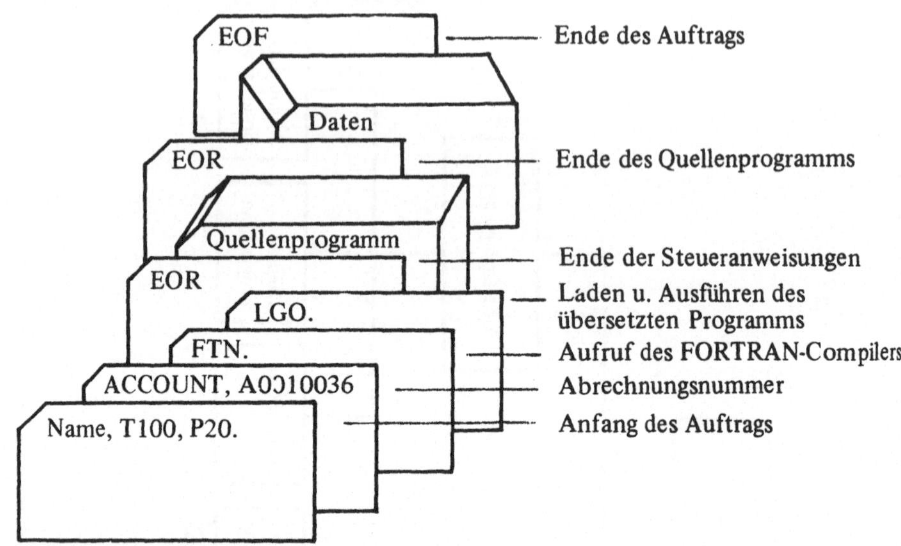

Abb. 8.4: Zusammensetzung eines typischen Auftrags für CDC Cyber 70

Auf der ersten Karte steht der Auftragsname, die Zeitbegrenzung (T100: max. 100 sek CPU-Zeit) und die Priorität (P20). Auf der zweiten Karte befindet sich die Abrechnungsnummer des Benützers (ACCOUNT, A00010036). Die Reihenfolge der Steueranweisungen bestimmt den Ablauf. In diesem Beispiel wird ein Programm übersetzt und anschließend ausgeführt.

8.3.1.2 Prozeßverwaltung (task management)

Unter einem Prozeß (task) versteht man die Abarbeitung eines Programmes als die unterste organisatorische Arbeitseinheit im Betriebssystem.

Während ein Programm aus einer zusammenhängenden statischen Folge von Anweisungen in irgendeiner Programmiersprache besteht, also ohne Bezug zur Zeit ist, besitzt der Prozeß eine Lebensdauer, ist etwas dynamisches und zeitabhängig. So bildet die zweimalige Ausführung ein- und desselben Programmes zu verschiedenen Zeitpunkten zwei verschiedene Prozesse.

Ebenso sind die Übersetzung eines Programmes durch den Compiler und die Ausführung des übersetzten Programmes zwei verschiedene Prozesse.

Ein Prozeß benützt zu seiner Durchführung im allgemeinen mehrere Programme. Umgekehrt kann auch ein Programm (z.B. Unterprogramm) von mehreren Prozessen benützt werden. Ein typisches Beispiel ist die Benützung der Ein/Ausgaberoutinen des Betriebssystems durch die verschiedenen Benützer-Programme (Prozesse) (Abb. 8.5).

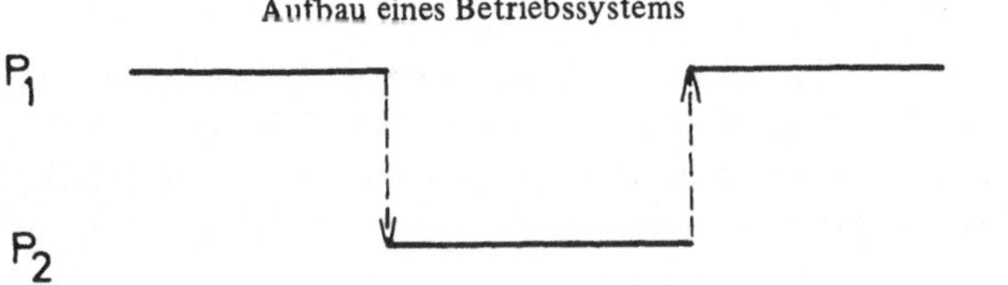

Abb. 8.5: Zusammenarbeit zweier Prozesse. P_2 ist der von P_1 benötigte Ein/Ausgabe-
Vorgang

Die verschiedenen Prozesse sind also unterbrechbar und können sich gegenseitig beeinflussen.

Ein Prozeß wird von der Auftragsverwaltung definiert und an die Prozeßverwaltung übergeben. Er benötigt zu seiner Abwicklung verschiedene *Betriebsmittel*.

Es sind dies:
— Prozessor (Rechnerkern)
— Hauptspeicher
  Hintergrundspeicher
— Ein/Ausgabeprozessor oder/und Kanäle
— Peripheriegeräte

Da im allgemeinen mehrere Prozesse gleichzeitig definiert und die Betriebsmittel nicht unbeschränkt zur Verfügung sind, stehen die Prozesse untereinander in Konkurrenz. Ein Prozeß befindet sich also abwechselnd in den Zuständen:

rechnend: Prozeß hat einen Prozessor zugeteilt

blockierend: z.B. durch Warten auf das Ende eines E/A-Vorganges. Der
Prozessor arbeitet an einem anderen Prozeß.

verdrängt: durch höhere Priorität eines anderen Prozesses. In diesem Fall
wird häufig das betroffene Programm aus dem Hauptspeicher ausgelagert.

8.3.1.3 Hauptspeicherverwaltung

Mit der Geschwindigkeitssteigerung des Zentralrechners durch die techno-
logische Entwicklung der Hardware wurde die Einführung der bereits erwähnten Multiprogrammierung notwendig. Bei diesem Verfahren sind mehrere
Programme gleichzeitig in Bearbeitung. Muß ein Programm auf Ein/Ausgabe
warten, so kann der Prozessor an einem anderen Programm weiterarbeiten.

Die unterste Stufe der Multiprogrammierung stellt das sogenannte
SPOOLING[2]) dar. Ein eigens dafür vorgesehenes Programm, das SPOOL-Pro-
gramm, führt laufend die Übertragung zwischen dem Massenspeicher und den
E/A-Geräten durch. Es überträgt die Jobs vom Kartenleser auf einen Massen-

---

[2]) SPOOL = Simultaneous Peripheral Operations On-Line

speicher (Warteschlange) und die Ergebnisse vom Massenspeicher auf die Ausgabeeinheit (Drucker). Während der durch die E/A bedingten Wartezeiten wird an einem Benützerprogramm, das gleichzeitig mit dem SPOOL-Programm im Hauptspeicher liegt, gearbeitet. (Abb. 8.6).

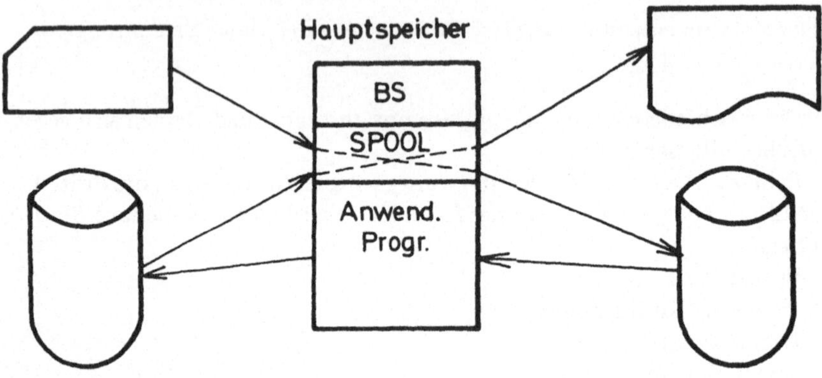

Abb. 8.6: SPOOL-Betrieb

Die Auswahl der Programme aus der Warteschlage (queue) kann nach Prioritäten erfolgen.

Die Weiterentwicklung der Betriebssysteme ermöglichte dann die Bearbeitung mehrerer Benützerprogramme gleichzeitig mit dem SPOOLING, was zu einer weiteren Steigerung der Leistung führte.

Die Abarbeitung der Programme erfolgt in Stücken, wobei sich folgendes Schema für die Belegung des Rechnerkerns ergeben kann.

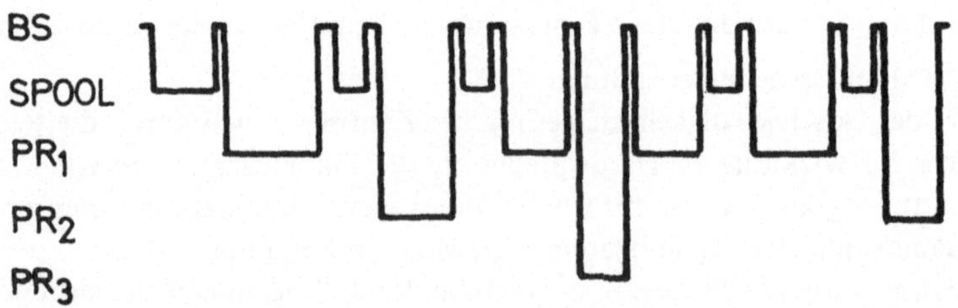

Abb. 8.7: Schema des zeitlichen Ablaufs bei der Multiprogrammierung

Aus Abb. 8.7 ist ersichtlich, daß offenbar die Prozeß-Priorität in der Bearbeitung von oben nach unten niedriger wird. Um den Rechner wirtschaftlich auszunützen, müssen E/A-intensive Programme die höhere Priorität haben. Rechenintensive Programme nützen die Lücken, die durch die E/A entstehen, aus.

Bei Systemen, die neben der Stapelverarbeitung auch Gesprächsbetrieb erlauben, muß der Gesprächsabwickler (Programm, das den Gesprächsbetrieb verwaltet) im Interesse kurzer Antwortzeiten die höchste Priorität haben.

Um die Programme, die gleichzeitig im Hauptspeicher liegen, und das Betriebssystem zu schützen, müssen Vorkehrungen für den Speicherschutz getroffen werden.

8.3.1.4 Datenverwaltung (data management)

Wie schon der Name Datenverarbeitung sagt, kommt der Handhabung und Verwaltung von Daten eine außerordentlich große Bedeutung zu. Um den Benützer nicht mit den dabei auftretenden großen Problemen zu konfrontieren, hat man diese immer wiederkehrenden Aktivitäten in das Betriebssystem integriert. Im wesentlichen hat die Datenverwaltung folgende Funktionen zu erfüllen:

– Verwaltung und Sicherung von allgemeinen und privaten Dateien.
– Durchführung und Überwachung von Datenübertragungen zwischen der Zentraleinheit und den Dateien.
– Zuordnung von E/A-Geräten zu den Programmen.

Datei (file): Unter einer Datei versteht man die *organisatorische Einheit* von logisch zusammengehörigen Daten. Sie bildet den Adreßraum, der durch eine E/A-Anweisung (z.B. READ (. . .) in FORTRAN) angesprochen wird.

Datenträger (volume): Ein Datenträger ist eine zusammenhängende physikalische Einheit zur Speicherung von Daten. Die bekanntesten Datenträger sind:

– Magnetplatte
– Magnetplattenstapel
– Magnetbandspule
– Lochkarte und Lochstreifen
– Endlosformular

Mit Hilfe geeigneter Geräte (Magnetplatten- und Magnetbandlaufwerk, Lochkartenleser und -stanzer, Drucker) können die Informationen gespeichert, bzw. gelesen werden. Die Datenträger sind meist auswechselbar, so daß sie archiviert werden können und bei Bedarf greifbar sind (z.B. Magnetband). So gesehen hat jedes Speichergerät mit wechselbaren Datenträgern einen praktisch unendlich großen Speicherraum.

Ein Datenträger, insbesondere Magnetplattenstapel, nimmt meist mehrere Dateien auf. Daher ist am Anfang ein *Datenträger-Kennsatz* (volume label) mit:

– Bezeichnung des Datenträgers (Name).
– Adresse des Inhaltsverzeichnisses für den Datenträger (Verzeichnis der Dateien).
– Anzahl und Adresse der noch verfügbaren Ersatzspuren (bei Speichern mit wahlfreiem Zugriff) usw.

Das Inhaltsverzeichnis (volume table of contents) des Datenträgers enthält die Bezeichnung, Größe, Organisationsform (sequentueller oder wahlfreier Zugriff) und Adresse der verschiedenen Dateien. Eine Datei kann sich auch über mehrere Datenträger erstrecken (z.B. mehrere Magnetbänder). Jede Datei ist durch einen Anfangs- (file label) und Endkennsatz (end of file) gekennzeichnet. Im Anfangskennsatz steht u.a.:

– Dateiname
– Organisationsform (sequentiell, wahlfrei)
– Erstellungs- und Ablaufdatum
– Schutzangaben (Codewort)
– Datenträgerfolgenummer (falls sich eine Datei über mehrere Träger erstreckt)
– Block- und Satzlänge (fest, variabel)

Der Endkennsatz enthält im wesentlichen die Anzahl der Sätze und verschiedene Prüfinformationen.

Datenstruktur (data structure): Die Dateien sind i. a. weiter strukturiert:

Datei – – – → logischer Satz – – – → Feld – – – → Element.

Ein *logischer Satz* (record) oder kurz Satz genannt, besteht aus sinngemäß zusammengehörigen Daten (auch unterschiedlichen Typs).

Beispiel für einen Satz: Alle Daten eines Studenten in einer Studentdatei einer Universität (Abb. 8.8).

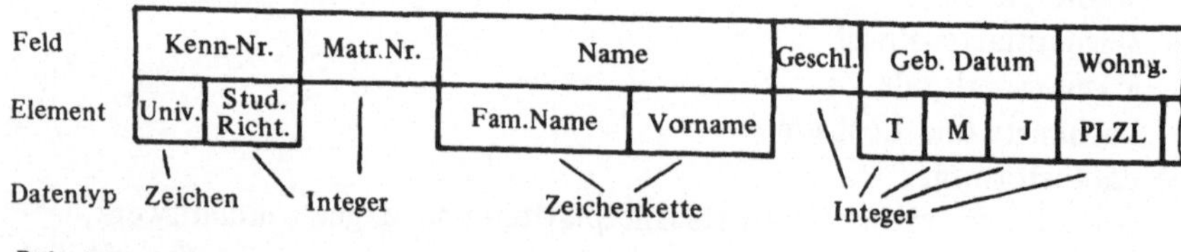

Abb. 8.8: Beispiel für den Aufbau einer Studentendatei

Temporäre Dateien (temporary files): Eine temporäre Datei existiert nur während der Abwicklung eines Auftrags. Nach Beendigung des Auftrags wird sie automatisch von der Datenverwaltung gelöscht.

Permanente Dateien (permanent files): Permanente Dateien bleiben über einen beliebigen Zeitraum hinweg erhalten, so daß auf sie wiederholt — auch von verschiedenen Programmen her — zugegriffen werden kann.

Private Dateien (private files): Diese sind bestimmten Anwendern zugeordnet.

Öffentliche Dateien (public files): Diese sind allgemein zugänglich (z.B. Programmbibliotheken).

Datenschutz: Unter dem Datenschutz versteht man Maßnahmen gegen unbefugten Zugriff. Dies kann z.B. durch Codewörter erreicht werden.

Datensicherheit: Unter der Datensicherheit versteht man den Schutz vor Zerstörung der Dateien. Die Sicherheit kann durch regelmäßige Dateiabzüge (z.B. auf Magnetband) erreicht werden.

Dateizugriff (file access): Will ein Benützer auf eine bestimmte Datei zugreifen, so geschieht dies vom Programm her durch eine E/A-Anweisung unter Angabe der Dateinummer. Da die Betriebssysteme und damit die Datenverwaltung maschinenabhängig sind, erfolgt im Interesse einer maschinenunabhängigen Programmierung (Kompatibilität der Programme zu Anlagen verschiedener Hersteller) die Zuordnung der Dateinummer in der E/A Anweisung zur endgültigen Datei erst zur Laufzeit in einer Steueranweisung. Für den Anwender ist dabei i.a. belanglos, auf welchem physischen Datenträger[3] sich die Datei befindet. Die Datenverwaltung stellt mit Hilfe eines zentralen Dateiverzeichnisses fest, auf welchem Datenträger sich die gewünschte Datei befindet und teilt dem Bediener (Operator) der Anlage mit, auf welchem — gerade freien — Laufwerk (Gerät) dieser Datenträger zu montieren ist.

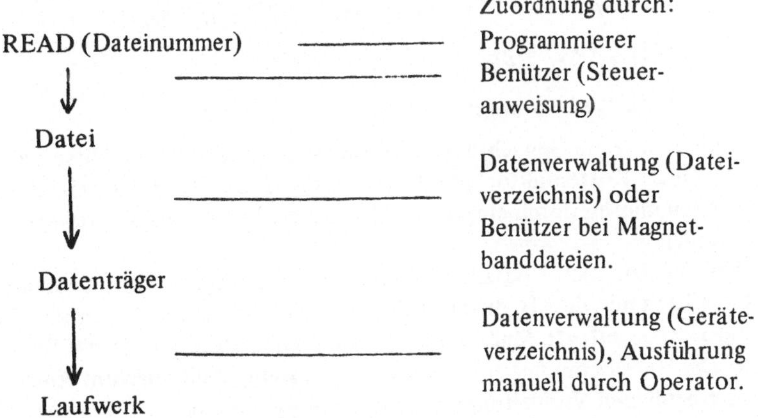

---

[3]) Eine Ausnahme bildet das Magnetband, das meist einem bestimmten Anwender zugeordnet ist und daher von diesem verwaltet wird.

8.3.1.5 Systemverwaltung

Die Kosten der Datenverarbeitung setzen sich im wesentlichen zusammen aus:

Hardware (Maschinen)

Software (Betriebssystem und Anwenderprogramme)

Personal

Räume

Klimatisierung

Energie

Schutzmaßnahmen

ev. nachrichtentechnische Einrichtungen (Datenleitungen).

Diese Kosten müssen letzten Endes direkt oder indirekt von den Anwendern getragen werden. Bei einem kommerziellen Rechenzentrum tritt daher das Problem der Verrechnung dieser Dienstleistungen auf. Eine allzu detaillierte Analyse der verbrauchten Betriebsmittel führt zu einem beträchtlichen Verwaltungsaufwand. Man wird sich daher auf die Erfassung des Verbrauches jener Betriebsmittel beschränken, die kostenmäßig den größten Anteil haben und relativ leicht zu erfassen sind. Die einzelnen Komponenten werden dabei einer Gewichtung unterzogen. So könnte man z.B. die Gesamtleistung folgendermaßen definieren:

Leistung = Prozessorleistung (P) + Hauptspeicherbelegung (S) + Kanalleistung (K) + Geräteleistung (G) + Massenspeicherbelegung (M) + Übrige Leistungen

$$= \Sigma t_P \cdot g_P + \Sigma t_S \cdot k_S \cdot g_S + \Sigma t_K \cdot g_K + \Sigma t_{G_i} \cdot g_{G_i}$$
$$+ \Sigma t_M \cdot k_M \cdot g_M$$

+ Übrige Leistungen,

wobei t die Zeit, g die Gewichtung und k die Kapazität bedeutet. Diese Leistung mit einem Kostenfaktor[4]) multipliziert ergibt die Gesamtkosten. Die Belegungszeiten müssen durch eingebaute Uhren (Zählwerke) erfaßt und registriert werden.

Weiters müssen noch zusätzliche Kosten berücksichtigt werden, die nicht direkt meßbar sind wie z.B. die Priorität (kurze Antwortzeiten), Gesprächsbetrieb, (größter Komfort), Maßnahmen zur Datensicherung und diverse Sonderdienste. Das Verrechnungssystem (accountingsystem) stellt ingesamt einen nicht unerheblichen Verwaltungsaufwand eines Systems dar.

---

[4]) Wobei alle Kosten wie Personal, Räume usw. berücksichtigt werden.

8.3.2 Arbeitsprogramme

8.3.2.1 Übersetzer

Übersetzer sind Programme, die andere in einer Programmiersprache geschriebene Programme (*Quellenprogramme*), in die Maschinensprache übersetzen. Das Quellenprogramm (source program) dient dabei als Eingabeinformation (Eingabedaten) für den Übersetzer. Das generierte Maschinenprogramm (*Objektprogramm*) wird zunächst auf einem Massenspeicher gespeichert.

Ein Objektprogramm kann mit beliebigen anderen Objektprogrammen (z.B. Standardunterprogramm) zu einem Lademodul gebunden werden. Dieses Lademodul stellt erst das endgültige ausführbare Maschinenprogramm dar.

Assemblierer (Assembler): Der Assemblierer übersetzt die in der Assemblersprache (maschinenorientierte Programmiersprache) geschriebenen Programme in die Maschinensprache. Seine wesentlichen Funktionen sind:
— Übersetzen der mnemonischen Befehle in den Binärcode
— Umsetzung der symbolischen Adressen in Speicheradressen (dual)
— Umrechnung der Konstanten in die maschineninterne Darstellung.

Der Assemblierer bildet die Schnittstelle zwischen der Hardware und dem Betriebssystem. Er hebt die Maschine auf eine höhere Stufe; mit ihm wird eine übergeordnete Maschine definiert (*Pseudohardware*).

Die Assemblersprache hat gegenüber den höheren Programmiersprachen den großen Vorteil, daß sie die Eigenschaften der Maschine viel besser ausnützen kann. Deshalb sind im allgemeinen sämtliche Betriebssystemprogramme einschließlich der Übersetzer für die problemorientierten höheren Programmiersprachen in der Assemblersprache geschrieben.

Übersetzer für höhere Programmiersprachen (Compiler): *Compiler* sind i. allg. in der Assemblersprache geschrieben; sie sind an einen Anlagentyp gebunden. Die Übersetzung erfolgt meist in mehreren Schritten (Durchläufen):
— *Lexikalische Aufbereitung*: Anlegen von Symboltabellen und Speicherzuordnung
— *Syntaxanalyse*: Syntaktische Überprüfung des Programmes und eventuelle Fehlermeldungen für den Programmierer
— *Codeerzeugung*: Generierung der Maschinenbefehle aus den Anweisungen („Aufbrechen" der Ausdrücke)
— *Codeoptimierung*: Optimierung der Exekutionszeit oder des Speicherbedarfes des übersetzten Programmes.

Von großer Bedeutung für den Programmierer sind Testhilfen. Mit dem Objektprogramm wird i. allg. auch eine Liste mit dem Quellenprogramm und Hinweise auf syntaktische Fehler, sowie Symboltabellen geliefert. Während syntaktische Fehler schon beim Übersetzen durch den Compiler festgestellt werden und daher leicht zu beheben sind, sind logische Fehler nur durch Testläufe aufzuspüren.

Um die Fehlersuche zu erleichtern, können vom Compiler Testhilfen in das Objektprogramm eingebaut werden wie:
— Überprüfen von Feldüberschreitungen
— Typenüberprüfung von Variablen
— Aufzeigen undefinierter Werte
— Protokollierung von Programmverzweigungen (tracing)

Da durch diese Testhilfen das Objektprogramm wesentlich langsamer in der Ausführung ist, wird nach dem Austesten des Programmes das Quellenprogramm noch einmal übersetzt, wobei der Einbau der Testhilfen unterbunden wird.

8.3.2.2 Dienstprogramme (utilities)

Unter diesem Titel werden dem Benützer Programmsysteme für häufig wiederkehrende Aufgaben wie
— Sortieren/Mischen
— Kopieren von Dateien
— Erstellen von Speicherabzügen (z.B. tape dump)
— Duplizieren von Programmen usw.
zur Verfügung gestellt.

8.3.2.3 Anwenderprogramme (user programs)

Alle Programme, die über die Systembibliothek meist als Quellenprogramme den Benützern zur Verfügung stehen:
— Mathematische und statistische Unterprogrammbibliotheken
— Datenbanksysteme
— Programmsysteme für die verschiedensten Anwendungsbereiche.

9. Auswahlverfahren

Bei der Auswahl einer EDVA tritt stets das Problem des Vergleichs von Anlagen verschiedener Hersteller auf. Wegen der außerordentlich komplexen Struktur und Funktion von Rechenanlagen läßt sich eine Auswahl nur durch eine systematische Analyse durchführen.

9.1 Bedarfsanalyse

Der Zweck für die Anschaffung einer EDVA ist die Lösung ganz bestimmter Aufgaben oder Probleme. Es muß daher als Erstes eine genaue Analyse

dieser Probleme durchgeführt werden. Dies kann in manchen Fällen relativ
einfach sein. Die Lohnverrechnung, Lagerhaltung, Buchhaltung usw. in einem
Unternehmen sind ziemlich genau definierte Aufgaben. Die Anwendungen einer Hochschule z.B. sind dagegen sehr komplex, sie umfassen die Lehre, Forschung und Verwaltung. Der Bereich Forschung ist am weitaus stärksten ver-
treten und zeichnet sich durch äußerst vielseitige und sich ständig ändernde
Struktur der Benützer aus. In so einem Fall sollte für das Auswahlverfahren eine Projektgruppe eingesetzt werden, wobei allen interessierten Gruppen von
vornherein ein entsprechendes Mitspracherecht einzuräumen ist, um in stän-
diger Rückkopplung ein Optimum zu erreichen.

9.2 Ausschreibung

Aufbauend auf die Bedarfsanalyse wird ein Forderungskatalog aufgestellt,
in dem alle Mindestforderungen hinsichtlich Qualität wie Betriebssystem,
Übersetzer, Anwendersoftware usw. und Quantität wie Durchsatzleistung,
Speicherkapazität externer Speicher usw. präzisiert werden. Diese Forderungen finden neben den üblichen rechtlichen Bedingungen in einer Ausschreibung ihren Niederschlag.

9.3 Bewertung

Die objektive Bewertung der angebotenen Systeme ist das schwierigste beim
ganzen Auswahlverfahren. Als erstes muß festgestellt werden, welche Angebote die in der Ausschreibung festgelegten Mindestbedingungen erfüllen. Für die
übrigbleibenden Angebote wird am zweckmäßigsten eine Bewertung nach einem vor der Ausschreibung festgelegten Bewertungsschema vorgenommen.
In diesem Bewertungsschema sind alle Kriterien, die für die Bewertung
maßgebend sind, angeführt. Diese Kriterien müssen möglichst unter Beiziehung
aller interessierter Benützergruppen einer Gewichtung unterzogen werden. Ist
ein Kriterium für die Bewertung zu komplex, so kann es weiter unterteilt werden. Auf diese Art und Weise erhält man ein verfeinertes, abgestuftes und über-
sichtliches Bewertungsschema. Es ist dabei durchaus möglich, auch Eigenschaften oder Systemteile in diese Bewertungstabelle aufzunehmen, die in der Ausschreibung nicht ausdrücklich verlangt werden, die aber für die Anwender Vorteile bringen. Die Festlegung des Bewertungsschemas vor der Ausschreibung
ist deshalb zweckmäßig, weil dadurch die Hersteller in einem Fragenkatalog in
der Ausschreibung gezielt nach den für die Bewertung notwendigen Informationen gefragt werden können. Eine Modifikation des Bewertungsschemas nach
Anbotlegung ist in manchen Fällen durchaus sinnvoll.

Die Bewertung selbst erfolgt durch Vergabe von Punkten („Noten") für
jedes Kriterium in den untersten Stufen. Daraus kann die Gütezahl für das
übergeordnete Kriterium aufgrund der Gewichtung errechnet werden.

Tabelle 8.1 zeigt ein Beispiel eines Bewertungsschemas, wie es für einen
Hochschulrechner angewendet wurde. In diesem Beispiel gibt es 4 Hauptkriterien, nämlich:

Allgemeine Eigenschaften, Hardware, Software, Durchsatz.

Allgemein kann die „Gesamtgüte" einer EDVA durch das arithmetische
Mittel

$$W_A = \sum_{i=1}^{n} K_i \cdot G_i$$

oder durch das geometrische Mittel

$$W_G = \prod_{i=1}^{n} K_i^{G_i}$$

errechnet werden, wobei K_i die Hauptkriterien und G_i deren Gewichte sind.

Das geometrische Mittel ist in diesem Fall günstiger, da es ausgewogene Systeme bevorzugt[1]). Für die Unterkriterien ist das arithmetische Mittel zweck-
mäßiger. Man erhält also eine „Gütezahl" für jedes angebotene System, die eine objektive Entscheidung bei Anlagen gleicher Preisklassen ermöglicht.

Sind aber die Preise der angebotenen Systeme verschieden, so ist das Preis/
Leistungsverhältnis in die Bewertung der Durchsatzleistung mit einzubeziehen.
Dabei ist zu berücksichtigen, daß der Zusammenhang zwischen Leistung L und
Preis P kein linearer ist.

$$L = C \cdot P^2 \ldots Grosch\text{'sches Gesetz}$$

Das heißt, daß schon bei einem relativ kleinen Preisunterschied vom teure-
ren System eine größere Leistung zu erwarten ist.

---

[1]) Bei Fehlen eines Merkmals wird die Gütezahl = 0, was beim arithmetischen Mittel nicht der Fall ist.

Tab. 9.1: Beispiel eines Bewertungsschemas

9.4 Leistungsbestimmung

Testläufe (benchmark): Die sicherste Methode zur Bestimmung der Leistung stellt die Ausführung einer vom Benützer vorgegebenen Programmfolge dar.

Diese Methode bietet sich vor allem dort an, wo bereits konkrete Angaben über die Art der durchzuführenden Aufgaben vorliegen. Bei der Umstellung eines Rechenzentrums auf eine neue Anlage zum Beispiel nimmt man einen repräsentativen Querschnitt der bisher gelaufenden Programme und läßt sie auf den angebotenen Systemen laufen. Gemessen wird beim Benchmarktest mit der Stoppuhr die Zeit zwischen dem Beginn der Eingabe des 1. Programmes und dem Schluß der Ausgabe des letzten Programmes. Nicht unwesentlich ist dabei die Reihenfolge, in der die Programme eingegeben werden (Prioritäten). Es müssen bei allen angebotenen Systemen dieselben Voraussetzungen und Bedingungen vorherrschen.

Die Durchsatzleistung L ergibt sich dann aus

$$L = \frac{K}{T}\,,$$ wobei K eine beliebige Konstante und T die gemessene Zeit ist.

Der Nachteil dieser Methode liegt in ihrer Aufwendigkeit, da

1) die angebotene Konfiguration zusammengestellt werden muß.
2) Die Benchmarkprogramme für das angebotene System adaptiert werden müssen, was sehr zeitraubend ist.

Mix-Zahlen: Eine wesentlich einfachere, aber auch unzuverlässigere Methode zur Bestimmung der Leistung sind sogenannte Mix-Zahlen.

Diese werden anhand der Angaben der Herstellerfirmen für die Befehlsausführungszeiten ermittelt. Diese Zahlen stellen ein Maß für die interne Rechengeschwindigkeit dar, ohne aber die Eigenheiten des Betriebssystems und der Peripherie zu berücksichtigen.

Bei Multiprozessorsystemen ist zudem zu beachten, daß nur möglichst wenige Speicherzugriffskonflikte die Ausnützung der vermehrten Rechenleistung gestatten.

Bei Systemen mit Speichern unterschiedlicher Zugriffszeit ist bereits die Angabe einer Befehlsausführungszeit nur unter der Voraussetzung meist vielfältiger und kaum überschaubarer Annahmen möglich. Damit ist man bei der Errechnung der Mixes ausschließlich auf die Angaben der Hersteller angewiesen, die Aussagekraft der Mix-Zahl ist infolge der zu treffenden Annahmen herabgesetzt. Die Instruktionen müssen je nach Anwendung verschiedenen Gewichtungen unterworfen werden. Der bekannteste Mix ist der nach *Jack Gibson* benannte *Gibson-Mix*, der besonders auf die Bewertung im Hinblick auf technisch wissenschaftliche Anwendungen hinzielt.

Literaturverzeichnis

Bauer, L., und *G. Goos:* Informatik I u. II, Heidelberger Taschenbücher, Berlin 1971.

Bodenseher, H., H. Fuchs, W. Grafendorfer, W. Grimburg, L. Otruba und *N. Rozsenich:* Hochschul-Rechnerverbund Wien, Bundesministerium für Wissenschaft und Forschung, Wien 1975.

Boole,G.: An Investigation of the Laws of Thought. New York 1954.

Brockhaus, M.: Betriebssysteme, Vorlesungsskripten der Technischen Universität Wien.

DIN-Taschenbuch 25: Normen über Informationsverarbeitung, 1975.

Dirlewanger, Dobler, Hieber, Roos, Rzehak, Schneider, Unger: Einführung in Teilgebiete der Informatik I, Sammlung Göschen, Berlin–New York 1972.

Dirlewanger, W., E. Falkenberg, L. Hieber, P. Roos, H. Rzehak und *C. Unger:* Einführung in Teilgebiete der Informatik II. Sammlung Göschen, Berlin–New York 1974.

Dvoratschek, S.: Einführung in die Elektronische Datenverarbeitung I, Fernsehkurs, München.

Fano, R.M.: Informationsübertragung. München–Wien 1966.

Fischer, U.: Teilnehmerbetrieb, Köln-Braunsfeld 1973.

Giloi, W.K.: Programmieren in APL, Berlin–New York 1977.

Goldman, S.: Information Theory, New York.

Gschwind, H.W.: Design of Digital Computers, Wien–New York 1967.

Hamming, R.W.: Error-detecting and error-correcting codes. Bell System Technical Journal 29, 1950, 147–160.

Händler, W.: Ein Minimalisierungsverfahren zur Synthese von Schaltkreisen. Diss. TH Darmstadt 1958.

Karnaugh, M.: The Map Method for Synthesis of Combinational Logic Circuits. Comm. and Electronics 9, 1953, 593–599.

Klar, R.: Digitale Rechenautomaten. Berlin 1976.

Knuth, D.: The Art of Computer Programming, 1968.

Lewis, II, P.M., D.J. Rosenkrantz und *R.E. Stearns:* Compiler Design Theory, USA 1976.

Mägerle, E.W.: Einführung in das Programmieren in BASIC. Berlin–New York 1974.

Maurer, H.: Datenstrukturen und Programmierverfahren, Stuttgart 1974.

McCluskey, Jr. E.J.: Minimization of Boolean Functions. Bell System Technical Journal 35, 1956, 1417–1444.

Niemeyer, G.: Einführung in das Programmieren in Assembler. Berlin–New York 1973.

Quine, W.V.: The Problem of Simplifying Truth-Functions. American Mathematical Monthly 59, 1952, 521–531.

– : A Way to Simplify Truth-Functions, American Mathematical Monthly 62, 1955, 627–631.

Schauer, H.: Einführung in die Datenverarbeitung. Wien–New York 1976.

Schecher, H.: Funktioneller Aufbau digitaler Rechenanlagen. Berlin–Heidelberg–New York 1973.

Scheid, F.: Introduction to Computer Science, Schaum's Outline Series. New York 1970.

Schnupp, P.: Systemprogrammierung. Berlin–New York 1975.

Schulz, A.: Informatik für Anwender. Berlin 1973.

– : Einführung in das Programmieren in PL/1. Berlin–New York 1975.

Shannon, C.E.: A Symbolic Analysis of Relay and Switching Circuits, Trans. AIEE 57, 1938, 713–723.

– : A Mathematical Theory of Communication, Bell System Technical Journal 27, 1948, 379–423.

Speiser, A.P.: Digitale Rechenanlagen. Berlin–Göttingen–Heidelberg. 2. Aufl. 1965.

Spiess, W.E., und *F.G. Rheingans*: Einführung in das Programmieren in FORTRAN. Berlin–New York 1972.

Veitch, E.W.: A Chart Method for Simplifying Truth Functions, Proceedings Ass. Comp. Mach., 1952, 127–133.

Vinek, G.: Einführung in die Technik und Programmierung elektronischer Rechenanlagen, Kursunterlage des Wirtschaftsförderungsinstitutes Wien.

Weyh, U.: Elemente der Schaltungsalgebra. München–Wien 1972.

Wirth, N.: Systematisches Programmieren, Teubner Studienbücher Informatik, Stuttgart 1972.

Zemanek, H.: Logische Algebra und Theorie der Schaltnetzwerke. Taschenbuch der Nachrichtenverarbeitung. Berlin–Heidelberg–New York 1967.

Sachregister

Die in Klammer angegebenen Bezeichnungen sind Synonyme. Mit ff. bezeichnete Seitenzahlen bedeuten den Beginn eines Abschnittes, in dem der Begriff vorkommt.